なるにはBOOKS
別巻

中高生からの選挙入門

谷隆一 著

ぺりかん社

まえがき

選挙に行こう——。毎回、選挙があるたびに聞かれるフレーズです。しかし実際には今や、国政選挙では、有権者の2人に1人しか投票に行かないという現実があります。なぜでしょうか?

「投票したい人がいない」「誰《だれ》が当選しても同じ」……。そんな理由を並《なら》べる人が多いですが、それは投票に行かない説明として、ふさわしいものなのでしょうか?

本書では、選挙がなぜ大事なのか、有権者は選挙とどう向き合っていくべきかを、中高生の読者を意識しつつ、なるべくわかりやすく、具体的な例を示しながら、まとめました。また、みなさんにとって、より身近に感じられる政治の場面として、とりわけ地方政治に注目しました。

「選挙」を語る時、多くのメディアが国の衆議院・参議院議員の選挙をメーンにしますが、選挙はその2つだけではありません。主要な選挙としては、「衆議院議員」、「参議院議員」、「都道府県知事」、「都道府県議会議員」、「市区町村長」、「市区町村議会議員」とあり、6つのうち後ろの4つは地方選挙です。単純にいうと、私たちが向き合う機会が多いのは地方選挙のほうなのです。

ところが、実際の地方選挙では、３人に１人、なかには４人に１人しか投票に行かないという事態も生じています。ほとんどの人が投票に行かなくなれば、政治はごく一部の人のためだけのものになってしまいます。そのような社会になると、多くの人に不満がたまります。社会全体がギスギスしてしまうことでしょう。

そうならないためには、一人ひとりが意識をもって社会に参加していくことが大切です。

本書は、この本を読んだみなさんが明日からでも投票に臨めるよう、いわば「選挙のガイドブック」として、以下のように構成しました。

１章……選挙の基礎《きそ》知識から投票先の選び方まで、簡潔にまとめました。

２章……地方政治への向き合い方を中心に、具体的な政治課題をあげています。

３章……民主主義や政治について整理しています。

４章……問題となっている低投票率の理由などを、実例のルポで探っています。

このほか、主権者教育に長年かかわっている東洋《とうよう》大学助教の林大介《はやしだいすけ》さん、政治を変えたいと千葉《ちば》県流山《ながれやま》市の市議会議員になった近藤美保《こんどうみほ》さんのインタビューを掲載《けいさい》しています。

また、若者の本音を聞こうと、17歳《さい》から20歳《さい》の若者による座談会を開きました。

興味のあるところからでも結構ですので、ページをめくってみてください。

著者

中高生からの選挙入門　目次

〔4章〕ルポ・地方選挙の現状

※本書に登場する方々の所属、年齢などは取材時のものです。

［装丁］図工室
［カバーイラスト］曽根 愛
［本文イラスト］山本 州（レアグラフ）
［本文写真］編集部

「なるにはBOOKS別巻」を手に取ってくれたあなたへ

「なるにはBOOKS」は、仕事の魅力《みりょく》を伝えたくて、たくさんの職業について紹介《しょうかい》してきました。「別巻」では、社会に出る時に身につけておいてほしいこと、悩《なや》みを解決する手立てになりそうなことなどをテーマごとに1冊の本としてまとめています。

読み終わった時、悩《なや》んでいたことへの解決策にふと、気がつくかもしれません。世の中を少しだけ、違《ちが》った目で見るようになるかもしれません。

本の中であなたが気になった言葉は、先生やご両親があなたに贈《おく》ってくれた言葉とは、また違《ちが》うものだったかもしれません。

この本は中学生・高校生のみなさんに向けて書かれた本ですが、幅広《はばひろ》い世代の方々にも手に取ってほしいという思いをこめてつくっています。

どんな道へ進むかは、あなたしだいです。「なるにはBOOKS」を読んで、その一歩を踏《ふ》み出《だ》してみてください。

プロローグ

まちを歩いていて、気付くことはありませんか。

「あれ？　この道路に凹《へこ》みがあるぞ。直したほうがいいんじゃないかな」

「この道が駅までまっすぐ続けば便利なのに。雑木林を迂回《うかい》しないといけないのは面倒《めんどう》だなぁ」

「駅の西側にも改札口《かいさつぐち》が欲しいな。わざわざ踏切《ふみきり》をわたらないといけないのは、不便だよ」

◉

そんな課題を解決するにはどうすればいいのでしょうか。

道路の小さな凹《へこ》みぐらいなら、場所によっては、自分で補修することもできるかもしれません。

しかし、雑木林を切り開いて道路を通すことは、とうてい個人ではできません。手間・費用もそうですが、何より、関係する人たちから合意を得ていかなければなりません。雑木林の所有者、雑木林を愛する人たち、近隣《きんりん》に住む人びと……。

「道路を通してほしい」という意見もあれば、まったく逆に、「雑木林を守ってほしい」

と思う人もいます。さらに、公的な支出で工事を行う以上、お金の問題も出てきます。「一部の人のために税金を使わないでほしい」「新しい道路はもういらない」といった意見も出てくるのです。

道路が欲しい／道路はいらない――という２つの意見は、どちらが正しいというものではありません。道路を作るとどんなメリットがあるのか、逆に作ることでどんな問題が出てくるのかを、とことんはっきりさせ、関係する人たちみんなで最終結論を出していくしかありません。

さて、では、どのようにその結論を出せばいいのでしょうか。

ごく小さなまちなら、もしかしたら、全員で話し合うこともできるかもしれません。しかし、現実には、それは難しいことです。小さなまちといっても、日本全国で１７１８ある市町村（２０１６年８月現在）のうち、７割以上が人口１万人を超《こ》えています。都道府県レベルになれば、最少の鳥取《とっとり》県でも約57万人、東京《とうきょう》都に至っては約１３６０万人にも達します。みんなで一堂に集まって話し合うというのはとうてい無理なことでしょう。

そこで現実的な方法として採用されるのが、選出された住民の代表者たちが話し合う、というものです。人口に合わせて住民の代表者を複数人選び、彼らの結論にみんなが従っていく、というやり方です。

となると、ここで最大の問題となるのが、代表者を誰《だれ》にするか、ということです。誰《だれ》が話し合いの場に臨むかによって、結論は変わってきます。

その「代表者を選ぶ」という大事な機会が「選挙」です。

先の道路の例でみてみましょう。

道路を通すべきか、それとも雑木林を守るべきか。ここで、議論に臨む5人を選ぶ選挙が行われたとして、多数の3人以上の当選者を獲得《かくとく》したほうがこの件の結論です。むろん、案件があるたびに選挙が行われるわけではありませんが、「道路などの開発に積極的」「環《かん》境《きょう》問題に熱心」といった傾向《けいこう》は、ふだんの活動や発言からわかります。それを見きわめ、「経済発展に開発は欠かせない」といった考えや、「自然環境《かんきょう》を大事にしていく社会であってほしい」といった自分の思いをベースに投票をしていくのです。

ここでは、「駅までの道路」を題材としましたが、市を縦断する道路、都市をつなぐ道路、地方の要《かなめ》となる高速道路――など、その規模・主管団体はさまざまです。

ですから私たちは、市区町村、都道府県、国、と、それぞれの単位で代表者を選んでいるのです。

Column

議院内閣制と二元代表制

「議会」とひと口にいいますが、日本の場合、国と地方では、政治の仕組みが違《ちが》います。国の場合は、国民の代表となる国会議員を選挙で選び、国会議員が、国の行政の長となる内閣総理大臣を選びます。つまり、「行政の長」を国民が直接選ぶことはできません。この仕組みを「議院内閣制」といいます。

これに対し地方政治は、議員も行政の長（知事・市区町村長）も、どちらも有権者が直接選びます。どちらも有権者から直接選ばれていますから、その力関係は対等です。この仕組みを「二元代表制」といいます。

それぞれに良い面・悪い面があり、たとえば、議院内閣制の場合は行政と議会が近い関係になるため、物事が決まりやすい半面、チェック機能がにぶくなる欠点をもっています。

選挙においては、こうした長所・短所を認識しておくことが大切です。特に二元代表制である地方政治の場合は、両者の関係が近すぎるとノーチェックの状態になり、逆にこじれてしまうと、政治が進まなくなってしまいます。行政の長を選ぶ時などは、議会との関係をうまくつくっていける人かどうかといった視点をもつことも必要です。

図表1　議院内閣制と二元代表制

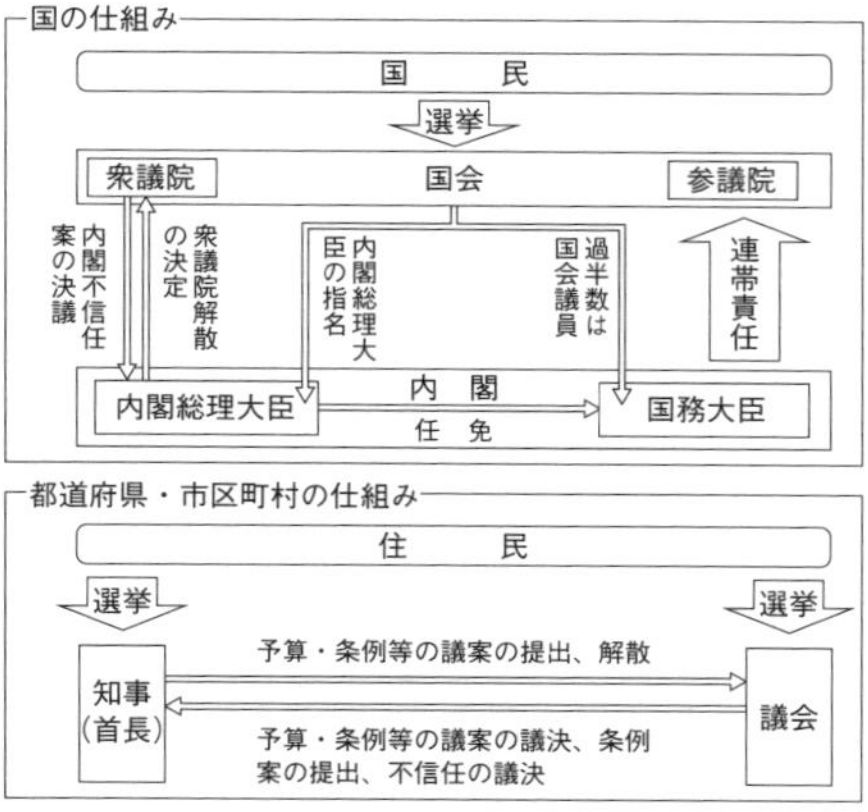

1章

投票はどうやるの？ 選ぶときの判断基準は？

選挙の基本的なこと

公正性を保つための原則と実際に投票する時のやり方

実際に選挙はどのように行われているのでしょうか。そして、私たちはどのようにして候補者を選択《せんたく》すればいいのでしょうか。この章では、まず選挙についての基礎《きそ》を確認し、その後で、「実際にどう選ぶか」のヒントを追っていきます。

選挙の原則

まず、選挙には大原則があります。**「普通《ふつう》」「平等」「秘密」「直接」**の4つです。

「普通《ふつう》」とは、性別や財産、納税額などで選挙権に差別を設けないという原則です。**「平等」**も同様の理念で、一票の価値は全員同じという原則です。これらを象徴的《しょうちょうてき》にいう言葉が、いわゆる「一人一票」です。

「秘密」というのは、誰《だれ》に投じたかを公表する必要はない、という原則です。投票は無記名で行われ、「誰《だれ》が誰《だれ》に投じたか」が判明しない仕組みになっています。

「直接」は、選挙権をもつ有権者は直接自分で投票をしなければいけない、という原則です。なりすましなどの不正を防ぎ、選挙の公正性を保つためのルールです。

そのため投票会場では、投票所入場整理券による受け付けなど、厳密なチェックが行われます。

なお、本人が直接投票をする場合も、その裏で候補者との取り引きがあってはいけません。「一票入れてくれたらお金を払《はら》う」などともち掛《か》けられて応じてしまうと、3年以下の懲役《ちょうえき》もしくは禁固、または50万円以下の罰金《ばっきん》の対象となります。

投票のやり方

投票のやり方は簡単です。各選挙管理委員会からはがきで送られてくる投票所入場整理券を持参し、指定された投票所に出向きます。その後の流れは、以下の通りです。

●受付で本人確認→●投票用紙を受け取る→●記載台《きさいだい》で候補者の名前もしくは政党名を書く（選挙の種類により、書く内容が異なります）→●用紙を2つに折って投票箱《とうひょうばこ》に入れる。これだけです。

選挙によっては2回、3回に分けて投票することもありますが、その場合は、投票用紙は1回ごとに手渡《てわた》されます。1回の投票を終えてから、つぎの投票に移るわけです。なお、記載台《きさいだい》には記載例《きさいれい》が掲示《けいじ》してあるので、「個人名を書くのだっけ？　政党名だっけ？」などとその場で迷うことはありません。

投票用紙の書き方ですが、基本的には、選挙の種類に応じて、当選させたい候補者の個人名か政党名を自筆で書《か》き込《こ》みます。地方選挙に限っては、独自に「記号式」を採用することもできます。その場合は、あらかじめ候補者名が記載《きさい》されているので、当選させたい1人を選んで「○」をつけて投票します。

自筆の場合は、正確に判読できるように書《か》き込《こ》むことが大切です。規定では、たとえば、「井上靖《いのうえやすし》」と漢字で書かずに「いのうえやすし」とひらがなで書いても有効票として認められますが、記載台《きさいだい》には一覧が出ていますので、それを参照して書くようにしてください。「大勢後ろに並《なら》んでいるから」などと焦《あせ》る必要はありません。きちんと書かれていないと無効票になってしまうので、慎重《しんちょう》に投じることが大切です。

一覧のなかには、あえて「井上やすし」などと漢字とひらがなを交えて見本にしている候補者がいますが、その場合は、素直に「井上やすし」とその通りに書くのが無難です。「確かこの候補者名の『やすし』の漢字は『康《やすし》』だったぞ」などと間違《まちが》って「井上康」と書いてしまった場合、ほかに「やすし」という候補者がいなければ大丈夫《だいじょうぶ》ですが、仮に

投票所
入口
投票所
入場整理券
選挙人名簿に名前があるか確認
名簿対照係
受付
投票用紙交付係
どうぞ
候補者名・政党名を記載
投票記載台
投票立会人
投票管理者
投票箱
投票箱に入れる
完了！
出口

「秋元康《あきもと》」さんが立候補していると、井上靖候補と秋元康候補が、2人で票を分け合うことになってしまいます。この時、あなたの投じた一票は、井上候補と秋元候補に、0・5票ずつ振《ふ》り分《わ》けられるのです。これを「按分《あんぶん》」といいます。

だったら、誤解のないように名字《みょうじ》だけを記載《きさい》しておこう……。不安に思って、「井上」とだけ書く人もいるかもしれません。もし井上さんがほかにいなければこれでも大丈夫《だいじょうぶ》です。しかし、もし「井上ひさし」さんも立候補していたなら、やはり按分《あんぶん》の対象です。

なかには、投票用紙に、つい余計なひと言を加えてしまう人もいます。「井上やすしに一票」や「井上やすしがんばれ！」などです。これは、無効票となってしまいます。強いていえば、「日本〇〇党　井上やすし」のように政党名や肩書《かたが》きを加えることは認められていますが、あえてそれを書く必要はまったくありません。

さて、基本的な投票方法はこのようなものですが、投票には、これ以外にもいくつか方法があります。左の表を参照してください。

□選挙には「普通《ふつう》」「平等」「秘密」「直接」の大原則がある
□投票会場では案内があるので心配無用
□投票用紙には、一覧をもとに正確に記載《きさい》する

図表2 その他の投票方法

○期日前投票

投票日前に直接投票できる（投票箱に1票を入れられる）。期日前投票所は各市町村に最低1カ所以上設けられている。

○不在者投票

選挙期間中に名簿登録地以外の市区町村に滞在している場合は、滞在地で投票ができる。事前に名簿登録地の選挙管理委員会に申請し、投票する場所を指定するなどの手続きが必要。なお、不在者投票には以下のようなものもある。

・指定病院等における不在者投票
（指定を受けた病院、老人ホームなど）
・国外における不在者投票
・郵便等による不在者投票
（身体障害者手帳・戦傷者手帳を持っている人は、障害の程度などにより、郵便等による不在者投票ができる。また、要介護5の人も同様）
・洋上投票
（指定船舶に乗船する船員。国政選挙のみ）
・南極投票
（国の南極調査で南極に滞在する人。国政選挙のみ）

○在外投票

在外選挙人名簿に登録され「在外選挙人証」を持つ外国居住者は、外国にいながら国政選挙に投票できる。

○代理投票

投票用紙に文字を記入できない人は、投票管理人に申請すると代理人に記入を依頼できる。

○点字投票

投票所には、点字投票用の投票用紙や点字器が用意されている。

トピックス

○電子投票

地方選挙に限り、各市区町村の判断で、電子投票機を用いて投票するなど、ITを活用した投票ができる。2017年1月現在、全国で11の自治体により、計25回実施されている。

選挙の種類

投票できる6つの選挙とそれぞれの意味と特徴

選挙権がある人が投票できる選挙は6つあります。「衆議院議員選挙」、「参議院議員選挙」、「都道府県知事選挙」、「都道府県議会議員選挙」、「市区町村長選挙」、「市区町村議会議員選挙」です。

それぞれの詳細《しょうさい》をチェックしていきましょう。

「衆議院議員総選挙」とは

衆議院は国会のひとつです。国会は、衆議院と参議院の二院で構成されています。日本の場合、参議院が上院、衆議院が下院にあたります。

呼び方こそ上院・下院ですが、これは力関係をさすものではなく、むしろ、権限自体は衆議院のほうに優越権《ゆうえつけん》があります。その権限とは、予算の議決、法律案の再可決、内閣総理大臣の指名、内閣への信任・不信任決議などです。

このような強い権限がある衆議院には、「解散」の可能性があります。解散は、その時点の議員全員を失職させることをいいます。その権限は、内閣総理大臣にのみ与《あた》えられています。原則的には、内閣と議会が対立した時に、内閣が国民に審判《しんぱん》を委ねるというものです。この仕組みを理解するには、日本の国の政治体制である「議院内閣制」を確認しておく必要があります。

議院内閣制とは、議会から内閣をつくっていく仕組みです。内閣自体は内閣総理大臣によって組織されますが、組閣責任者である**内閣総理大臣は、基本的に衆議院でもっとも議席数をもつ党（=第一党）の党首が選ばれます。**議決は多数決で行われますから、これは当然のことです。

内閣というのは、「行政」を受けもつ機関です。内閣総理大臣が、外交や財政などそれぞれの担当責任者（=大臣）を任命し、内閣総理大臣と国務大臣で組織します。彼らの話し合いによって国家運営の方向性が示され、その方向性に沿ってそれぞれの大臣が配下の省庁を司っていきます。

この時、各省庁では、示された方向性に沿った事業を展開し、必要があれば、新たなルール（法律）もつくっていきます。こうした実務を「行政」といいます。

ただ、それが内閣の示した方向性に沿ったものとはいえ、事業が適正なものなのか、新たなルールが本当に必要なものなのか、ということなどは、国民の目でチェックをしていかなければなりません。特にルールについては、将来に大きな影響《えいきょう》が出る可能性もあるため、多くの人で慎重《しんちょう》に検討していくことが必要です。

そのチェックを受けもつのが、国民の代表者の集まりである「国会」です。国会は、内閣が示す方針や新事業や人事を検証し、承認・不承認の判断をしていきます。行政はその判断を受けて、ルールの案を練り直したり、制度を微調整《びちょうせい》したりするのです。

こうした緊張感《きんちょうかん》のある仕組みがあることで、国民の意思に沿った国家運営を実現し、国家の暴走を防ぐことができます。したがって、行政と議会（国会）は、基本的には距離《きょり》をとった関係になければなりません。

ところが、先に確認した通り、議院内閣制では、議会（実質的には衆議院）から内閣を生み出していきます。早い話、議会と内閣の関係が近いのです。優越権《ゆうえつけん》のある衆議院の第一党と内閣の意思がほぼ一致《いっち》しているのですから、内閣の示す方針や法案は、基本的には原案に近い形で承認されていきます。

さて、そのような性格を確認したうえで、衆議院議員選挙の話に戻《もど》りましょう。くり返しになりますが、衆議院の第一党から行政を司る内閣が生まれると確認してきました。ということは、**衆議院の第一党がどの政党になるかということが、その後の行政を決定するということになります。このことから一般《いっぱん》に、「衆議院議員選挙は『政権選択《せんたく》』の選挙」ともいわれます。**

この点は非常に重要で、先にあげた「解散」ともかかわってきます。国会は国民の代表者によって構成されるわけですが、**きわめて重要な判断をする場合、衆議院を解散しその選挙を行うことによって、国民の真意を問うことができるのです。**過去にあった例では、国営だった郵便局を民営化するかどうかを問う「郵政選挙」や、消費増税を問う選挙などがありました。真正面から、どの政党に政権を託《たく》すかを問うた選挙もありました。

そのような性格をもつ衆議院議員選挙では、任期満了《まんりょう》に伴う選挙がほとんどありません（1976年の選挙が唯一《ゆいいつ》の任期満了《まんりょう》による選挙）。なお、衆議院議員の任期は4年です。任期満了《まんりょう》に伴う選挙の場合は、満了日《まんりょうび》前の30日以内に選挙を行わなければならず、解散による場合は、解散の日から40日以内の実施《じっし》が決められています。立候補者が出そろう公示日は投票日の12日前まで。その日から投票日前日までが選挙運動のできる期間です。

基礎《きそ》データを確認しましょう。

衆議院の議席は475席です。立候補できるのは25歳《さい》以上の日本国民。選挙の方法は、2種類になります。

ひとつは小選挙区選出です。もうひとつは比例代表選出です。475席のうち、小選挙区制で295席、比例代表制で180席を選びます。なお、定数の475席をいっせいに選ぶため、衆議院議員の選挙は「総選挙」といわれます。小選挙区制と比例代表制を、それぞれ以下に整理します。

●小選挙区制

小選挙区制は、全国を295選挙区に割り、各選挙区から1人だけを選出するという形で行います。投票用紙には、候補者の個人名を記入します。もっとも多く得票した1人が当選というシンプルな選挙です。

1人だけを選ぶので、政権選択《せんたく》という性格をもつ衆議院議員選挙には適したやり方です。白黒の結果がはっきり出る、というのが小選挙区制の特徴《とくちょう》といえます。実際、2009年には民主党《みんしゅとう》（当時）による政権奪取《だっしゅ》があり、3年後の2012年には自由民主党《じゆうみんしゅとう》（以下自民党《じみんとう》）が政権を奪《うば》い返《かえ》すということが起こっています。

とはいえ、小選挙区制には大きな問題もあります。ひとつは、小さい政党にはほぼ勝ちめがないこと。もうひとつは死票が多く出ることです。

死票というのは、当選にかかわらなかった票のことです。つまりは、当選者以外に投じられた票のことになりますが、これを「多数決だから仕方がない」と切り捨ててよいものかについては議論の分かれるところです。わかりやすい例で見てみましょう。

ここにA・B・Cの３人の立候補者がいたとします。有権者は１万人。小選挙区での１議席を争った結果、Aさんは３３３４票、Bさんは３３３３票、Cさんも３３３３票となり、かろうじて一票差でAさんが当選することとなりました。ルールからいえば、ここに何かの注文をつけることはできません。まぎれもなくAさんの当選です。しかし別の面から見れば、Aさんを支持しない有権者が６６６６人いるということになります。つまり、この選挙区から議員に選ばれたAさんは、実は地域ではあまり支持されていないのです。

これは机上の空論ではありません。現実に、２０１６年現在の政権の小選挙区での得票率は、与党《よとう》の自民党・公明党《こうめいとう》の合計で約49・５%です。実は反自公のほうが票を集めていたという結果になっています。ところが小選挙区だけでみた議席率では、自民党・公明党が約79%、野党が約21%と大差がついています。

一つひとつの選挙区では接戦だったとしても、結果として特定の党がほとんどの選挙区を制していたなら、総合すると圧勝になる、という構図です。

●比例代表制

これに対し、有権者の多様な意思を拾い上げていく選挙方法が比例代表制です。

比例代表制は、文字通り、有権者の意思に比例して当選していく仕組みです。衆議院議員選挙の場合は全国を11のブロックに分け、それぞれ、有権者数に応じた複数人を選出します。たとえば、東京都《とうきょうと》なら定数は17席です（２０１６年現在）。

衆議院議員選挙の場合は、投票用紙には政党名を記入します。

当選の確定は、少し複雑です。「ドント式」といわれる計算方法で配分していきます。これは、各党の総得票数を１から整数で順に割っていき、数の大きい順に配分するという方式です。その順位をもとに、各党の比例代表名簿《めいぼ》の上位の候補者から当選していきます。比例代表制では、ひとつの選挙区で同じ政党から複数人が当選することもあります。

小選挙区制と比例代表制が同時に行われるこの方式を、「小選挙区比例代表並立制《へいりつせい》」と呼びます。念のため付記しますが、有権者は投票所で２回投票することになります（衆議院の場合はさらに「最高裁判所裁判官国民審査《しんさ》」があることもあります）。

２つの選挙方式を並立《へいりつ》するメリットは、何といっても、それぞれの方式の欠点を補足できることにあります。特に小選挙区制は、先に見たように、１選挙区の結果の積み重ねが大差につながる可能性があるため、ことによって、有権者の意思と離《はな》れた議会が構成されてしまう恐《おそ》れがあります。

そこで、**より多様な意見を取り入れ、民意をバランスよく反映させるために、比例代表制が有効になってくるのです。**この点を、ふたたび、例で整理してみましょう。

たとえば今、消費税を上げるかどうかという争点があったとします。これに対して、A党は「15％にするべき」、B党は「10％にするべき」、C党は「5％がよい」、D党は「消費税など不要。0％だ」と訴《うった》えたとします。選挙をしたところ、得票率でみた結果は、A党＝40％、B党＝30％、C党＝20％、D党＝10％となりました。これが正確な民意です。

この結果を受けて比例代表制で当選者を出していく場合、仮に１００議席が定数だったなら、A党から40人、B党から30人、C党から20人、D党から10人の当選者が出ます。少数の意見もちゃんと議会に反映される仕組みになっています。

もしこの選挙を小選挙区制で行ったらどうでしょうか。

一票でも多いほうの一人勝ちというシステムですから、A党が勝利者です。極例ですが、すべての選挙区で同じ結果となったなら、A党が１００議席すべてを占《し》めるということになります。そうみると、比例代表制が並立《へいりつ》している意義がわかります。

ところで、この並立制《へいりつせい》においては、ひとつ、よく問題とされることがあります。小選挙区で落選した人が、比例代表制で当選するという「復活当選」があることです。

衆議院の比例代表名簿《めいぼ》は各党でつくれるため、**各党は、党首や党の重鎮《じゅうちん》など、絶対に議員でいてほしい人を比例名簿《めいぼ》の上位に置きます。そのため、小選挙区で有権者がNOを示した人が、比例代表で当選してしまうということが起こるのです。**象徴的《しょうちょうてき》な例として、

２０１４年の衆議院議員選挙では、総理大臣にまでなった民主党（当時）の菅直人《かんなおと》さんが「復活当選」したことがありました。

「参議院議員通常選挙」とは

参議院は、国会の上院になります。

行政のチェックという役割は衆議院と同じですが、権限や性格にはいくつかの違《ちが》いがあります。特に大きなものが、解散がないことです。

参議院には解散がないため、選挙は定期的に行われます。このため、衆議院議員選挙が「総選挙」というのに対し、参議院議員選挙は「通常選挙」と呼ばれます。

参議院全体の定数は２４２席です。立候補できるのは30歳《さい》以上の日本国民。議員の任期は６年ですが、選挙は３年ごとに行われます。全２４２議席の半数を、３年ごとに入れ替《いか》えていく仕組みです。これは、衆議院の解散と参議院議員通常選挙が重なったとしても、国会議員が０人にならないようにする知恵《ちえ》です。原則として選挙は任期満了日《まんりょうび》前の30日以内に実施《じっし》され、公示日は投票日の17日前までに設定されます。現在では、７月の実施《じっし》で定着しています。

参議院のいちばんの特徴《とくちょう》は、政権と距離《きょり》をおけることです。衆議院のような優越《ゆうえつ》はなく、また、解散もありません。そのため、政局とは無縁《むえん》に、冷静な議論ができるのです。そうした性格から、参議院は「良識の府」などとも呼ばれます。

そのような参議院の選挙は、より民意を広く反映できるシステムがとられています。具体的には、「選挙区選挙」と「比例代表選挙」の並立《へいりつ》です。

●選挙区

選挙区選挙は、割り当てられた定数に対して、得票数の上位の人から当選する仕組みです。多くの選挙区では、3～5人が選ばれます（小選挙区と同様、定数が一人の選挙区もあります）。２０１６年現在では、都道府県単位で全国を45区に分け（鳥取《とっとり》・島根《しまね》／高《こう》知《ち》・徳島《とくしま》は2県合区で1選挙区＝一票の格差を生まないための措置《そち》）、計１４６人（１回の通常選挙では半数の73人）を選んでいます。投票用紙には、候補者の個人名を書きます。

●比例代表

上位の複数人を選ぶ選挙区制は、民意の多数を反映させやすいメリットがありますが、特に選出数が少ない区では、小選挙区制同様で、少数意見を反映させづらい欠点ももっています。そこでこちらでも有効となるのが、比例代表制です。参議院の場合は全国を１つの選挙区とし、96人（1回の通常選挙では半数の48人）を選出します（２０１６年現在）。やはり、ドント式で当選者を確定させます。

ただし、衆議院選挙とは大きく違《ちが》う点がひとつあります。**比例代表制の投票時に、政党名ではなく、候補者個人の名前を書いてもよいことです。**参議院議員選挙では比例代表名《めい》簿《ぼ》の順位を党では決めないためで、名前がより多く書かれた候補者から当選していくことになります。有権者の意思を尊重した制度といえます。

もっとも、100人以上もの候補者のなかから1人を選ぶのは難しく、結果として、ある種の人気投票のようになってしまっている面も否定できません。このことは、タレント候補が出やすい一因となっています。

「地方選挙」とは

地方選挙には、都道府県の行政の長を決める知事選挙、都道府県の議会の議員を決める議員選挙、さらに、市区町村の行政の長を決める市区町村長選挙と、同じく議会議員選挙があります。

都道府県・市区町村の選挙をまとめて「地方選挙」と呼びますが、実は**地方の政治は、国とはまったく違《ちが》う仕組みでできています。「二元代表制」という仕組みです。**

国の政治が「議院内閣制」で、議会から行政の長の内閣総理大臣を選ぶのに対し、地方政治では、有権者が行政の長を直接選びます。みんなの代表者を直接役所に送《おく》り込《こ》むイメージです。

選ばれた首長（＝都道府県長・市区町村長）は役人を動かし、事業を展開したり、新しいルールをつくったりします。

その事業やルールは、国会と同様、やはり議会のチェックを受けることになるのですが、そのチェックをする人たち――すなわち、議員もまた、有権者が直接選ぶのです。

つまり、**「有権者が直接選んだ首長の行政を、有権者が直接選んだ議員がチェックする」という構図になります。両者の関係は対等です。この、2つの権限が並立《へいりつ》する仕組みを二元代表制と呼んでいます。**

首長および市区町村議員の任期は4年です。選挙は、基本的には任期満了日《まんりょうび》前の30日以内に行われます。ただし、地方選挙では、議会の解散もあり得ますし、辞職などで欠員が生じることもあります。この場合は条件が変わります。解散なら解散日から40日以内、欠員などの事由なら発生日から50日以内の選挙となります。

選挙戦のスタートは、自治体の規模によって異なります。政令指定都市の市長選挙の場合は投票日の14日前、都道府県および指定都市の議員選挙は投票日の9日前、市区長・市区議会議員選挙は投票日の7日前、町村長・町村議会議員選挙は投票日の5日前から始まります。なお、この候補者が出そろう日を国政では公示日と呼びますが、地方選挙では告示日といいます。

立候補できる条件も、それぞれ違《ちが》います。知事の場合は満30歳《さい》以上、市区町村長は満25歳《さい》以上の日本国民です。居住地は問われません。

一方、都道府県議会議員と市区町村議会議員は、その地に3カ月以上住み続けていることが条件になります。年齢《ねんれい》はともに満25歳《さい》以上です。

選挙の時期は自治体によって異なります。全国いっせいに行う「統一地方選挙」がありますが、２０１５年の実施《じっし》では、その期間に選挙を行った自治体は３割を切りました。統一地方選挙は１９４７年５月の地方自治法施行《しこう》を目前にして行われたのが始まりなのですが、その後、市町村合併《がっぺい》や首長の辞職などで、独自日程で選挙を実施《じっし》する自治体が増えたためです。仮に10月にとなりの市と合併《がっぺい》した場合、市長を決めるために10月中ないし11月中には選挙をしなければなりません。そうすると、その後の任期満了《まんりょう》は毎回10月ないし11月に訪れることになるのです。

決める人数についても整理しておきましょう。

知事・首長については単純です。一人です。これに対し、議員については千差万別です。一桁《ひとけた》の自治体もあれば、東京都などのように、議員が１００人を超《こ》えるところもあります。

さて、その選び方ですが、**知事・首長選挙は、小選挙区制と同じです。１人だけを選ぶ**

のですから当然ですが、いちばん票を獲得《かくとく》した候補者が当選です。

議員の選出も、比較的《ひかくてき》単純です。選挙区制と同じなのですが、得票数の多い順に当選していきます。

なお、選挙区はその自治体全土をひとつのブロックとするのが基本ですが、都道府県議会議員選挙や政令指定都市の議員選挙では、いくつかのブロックに分ける方式が取り入れられています。

投票用紙には、候補者個人の名前を書きます。

□衆議院議員選挙は政権選択《せんたく》につながる選挙
□参議院選挙は3年おきに半数ずつ改選する
□地方選挙はすべて個人名、一人だけを選んで投票する

図表3 選挙の種類

		選挙の種類	選挙区数	定　数	被選挙権 年齢・住所要件	任　期	選び方
国の選挙	衆議院議員総選挙	小選挙区選出	295	295人	満25歳以上 住所要件なし	4年 （解散あり）	それぞれの選挙区で最も多く得票した1人が当選します。
		比例代表選出	11 ブロック	180人			全国を11に分けた選挙区で行われ、選挙区ごとに各政党等の得票数に比例して当選者数が配分されます。
	参議院議員通常選挙	選挙区選出	45	146人	満30歳以上 住所要件なし	6年 （3年ごとに半数改選）	原則、都道府県の区域を単位とする選挙区（鳥取県・島根県、徳島県・高知県はそれぞれ2県の区域）で行われ、得票数の多い順に当選者を選びます。
		比例代表選出	1	96人			全国を1つの選挙区として行われ、各政党等の得票数に比例して当選者数が配分されます。
地方の選挙	都道府県知事選挙		—	—	満30歳以上 住所要件なし	4年	都道府県を1つの選挙区として最も多く得票した人が当選します。
	都道府県議会議員選挙		—	—	満25歳以上 都道府県内市区町村に引き続き3か月以上住んでいること		いくつかの選挙区に分け、それぞれの選挙区で得票数の多い順に当選者を選びます。
	市区町村長選挙		—	—	満25歳以上 住所要件なし		市区町村を1つの選挙区として最も多く得票した人が当選します。
	市区町村議会議員選挙		—	—	満25歳以上 その市区町村に引き続き3か月以上住んでいること		市区町村を1つの選挙区として得票数の多い順に当選者を選びます。（指定都市などは選挙区あり）

投票先を決める時のヒント

向き合う選挙の意味や、候補者や政党の主張を知るために

選挙の方式や投票の仕方はわかりました。つぎは、具体的にどうやって自分が投票する政治家や政党を選ぶかをチェックしていきます。

実をいうとそこに正解はありません。「なんとなくこの人」、「顔が好き」、そんな選び方もあるのかもしれません。

しかし、せっかくの選挙ですから、自分の考えや思いを少しでも政治に反映させたいものです。そこでここでは、一票がより政治的に活かされるように、情報への接し方などを考えてみます。

選ぶ判断基準を決めよう

個別の選挙に向き合う時に、**まず私たちがするべきことは、「その選挙の意味を知る」**

ということです。

この選挙では何が問われているのか、また、この先の主要な政治テーマは何になるのだろうか――それを見定めることはとても重要です。

その実例としてわかりやすいものでは、２００５年の「郵政選挙」などがあります。当時の小泉《こいずみ》純《じゅん》一郎《いちろう》総理が「郵政事業を民営化するかどうか」を国民に問う選挙でした。また、２００９年８月の衆議院議員選挙も、「政権を自民党に任せるか、民主党（当時）に交代させるか」を問う、政権交代がかかった印象的な選挙でした。

ただ、状況《じょうきょう》によっては、テーマがよくわからないこともあります。これという争点がないケースや、安定政権の任期満了《まんりょう》に伴う選挙の場合などです。

こうした時は、有権者一人ひとりが、何を問うべきかをしっかり見きわめていくことが大事です。場合によっては、１００人いれば１００通りの争点があるということにもなるでしょう。

でも、それでいいのです。ほかの人と足並《あしな》みをそろえる必要はありません。「ここは譲《ゆず》れない」というポイントを定めることによって、投票の判断基準が固まります。すべての意見がまったく同じという候補者などまずいないのですから、判断するうえでの自分なりの最優先事項《じこう》を決めることが大切です。

大事なのは、選挙公報などに列挙される項目《こうもく》を全部追いかけることではありません。むしろ、語られていない言葉、その候補者がふれまいとしているものは何なのかを探すことです。

なぜそれが大事かというと、選挙は、実は、本音を隠《かく》しているという面があるからです。誤解を恐《おそ》れずにいえば、選挙は美辞麗句《びじれいく》で彩《いろど》られています。選挙公報を見ていて、「この人に任せればこの先はバラ色の社会だな」と思うことは少なくありません。でも、現実には、そんなに理想通りには進まないものです。何かをするにはお金もかかりますし、止めるにしてもそれで困る人たちに納得してもらわなければなりません。まさに、「言うは易し、行うは難し」です。

それなのになぜ美辞麗句《びじれいく》ばかりが選挙公報に並《なら》ぶのかといえば、マイナス材料を出しては、当選することが難しくなるからです。立候補する人からすれば、まずは議席を手にしなければなりません。ですから、本心では「消費税を20%に上げないと日本社会はもたないなぁ」「超高齢《ちょうこうれい》社会を乗り切るには年金受給額を引き下げるしかないなぁ」と思っていても、「私が当選した暁《あかつき》には、消費税を一気に上げます!」などとは言いにくいのです。

そうしたことから、選挙戦では「負担を減らします」、「福祉《ふくし》を充実《じゅうじつ》させます」、「景気をよくします」などという、有権者にとって魅力《みりょく》的に思える言葉ばかりが並《なら》ぶことになります。でも、それを信じて投票したら、その結果はどうなるのでしょう?

ひとつは、問題の先送りです。国民の反発を買うことに着手しないため、本当ならもっと早くに手を打っておかなければいけないことが、どんどん後回しにされていきます。平たくいえば、「将来へのツケ」となるわけです。

もうひとつ起こり得る事態に、政治不信があります。問題自体は厳然とある以上、いつかは対策を取っていかなければなりません。それは、国民に負担を強いるものです。それを推し進めようとする時、国民の側からすれば、「そんな話は聞いていない」、「政治家の都合で勝手に進めないでくれ」となります。これがくり返されると、政治不信が高まるのです。

そうなる前に政治を変えていくには、信頼《しんらい》できる議員を選ばなければなりません。**そのためには、美辞麗句《びじれいく》に踊《おど》らされず、本質を見抜《みぬ》くことが大事です。**「この候補者はこう言っているけど、その裏にどんな思いがあるのだろうか」、「この人の打ち出す方針の先に、どのようなメリット、もしくはデメリットが予想されるだろうか」。そうやって、言っていることを鵜呑《うの》みにせずに、自分なりに検証していくことが大切です。

本質を見抜《みぬ》くコツは、その人が語らなかったこと(話題を避《さ》けたこと)、何度も使ったワード、借りものではなく自分の言葉で語ったこと——などに注意することです。話が具体的で説得力があるかも大事です。次項《じこう》からは、選挙運動中のツールをどう読み解くかを見ていきましょう。

候補者のポスターを読み解く

選挙戦が始まって、まず私たちにとって身近な情報は、何といってもポスターです。町中に点在するポスター掲示場《けいじば》には、公示・告示日になると、いっせいにポスターが貼《は》り出《だ》され、「誰《だれ》が立候補したのか」が一目でわかるようになっています。実に便利です。

ポスターは限られたスペースゆえに、その候補者の主張や方向性が出やすくなっています。基本的に、実績を強調しているのは与党《よとう》側ですし、「変える！」、「チェンジ！」などとあれば、野党・対立側です。「待機児童ゼロの社会を！」などと具体的な文言を入れているケースもありますし、「弱者の味方です！」などと姿勢を強調することもあります。

いうまでもなく、これらの主張やキャッチコピーは、候補者を知る大きなヒントです。ただ、**ポスターの力はそれだけではありません。むしろポスターには、「印象」を左右するという特徴《とくちょう》があります。**

「見た目が印象を左右する」という事例では、テレビの話になりますが、１９６０年のアメリカの大統領選挙のエピソードが有名です。ケネディとニクソンが選挙演説をしたので

すが、その第一回の討論の時、ラジオを聞いていた人はニクソンが優勢、テレビを見ていた人はケネディが優勢と感じたというのです。ケネディはニクソンほどの実績がなく、知名度も劣《おと》っていました。しかし、テレビに映る若くはつらつとしたケネディの姿は、見ていた人に好印象を与《あた》えたのです。このときケネディは、見た目を重視し、テレビ用のメークもしていたといいます。

　こうした事例を政治家は誰《だれ》もが知っていますから、ポスターの写真などには、細心の注意を払《はら》います。極端《きょくたん》な話、実際に本人を目の前にして、「えっ？　あのポスターと同じ人？」と戸惑《とまど》うこともあるほど、よく写った写真が使われる例もあります。有権者としては、ポスターの印象に判断が左右されすぎていないか注意しなければなりません。

とはいえ、印象など当てにならない、などと言うつもりはありません。候補者はそれぐらい思いを込《こ》めてポスターを制作しているのです。当然、そこには、その人の決意やその人らしさが表れるものでしょう。

写真ひとつをとってもそうです。親しみやすい笑顔《えがお》なのか、危機感を示すような真剣《しんけん》な表情なのか、誠実さがにじむ真顔か——。

ポスターの色からも、志向性を読み取れます。一般《いっぱん》に、赤系は強い意志（「反対されてもやり抜《ぬ》く！」といったイメージ）、青系は調和（「冷静に着実に仕事をします」というイメージ）、緑系なら平和や環境《かんきょう》、ピンクは女性らしさ、優しさ、白ならクリーンさなどを表します。どの色をベースに、どんな表情の写真を使っているかで、その候補者の志向性が見えてくるのは確かです。その印象を自分なりに受け止めつつ、それだけに引っぱられない冷静さが必要です。

簡潔に整理されていて、有用な新聞の情報

マスメディアの報道への批判は多々ありますが、それでも選挙に関しては、やはり新聞は非常に有用です。ほかのメディアでは入手できない情報を、簡潔に整理して伝えてくれ

ます。

選挙期間中の定番の報道は、「候補者インタビュー」（候補者の横顔）です。各選挙区の候補者の紹介《しょうかい》が、たいていは公示・告示日の翌日に出ます。候補者が多数いる場合は、2回、3回に分けて紹介《しょうかい》され、候補者を比較《ひかく》する時に重宝します。

新聞の場合、国政選挙の時に全国の立候補者を一覧で掲載《けいさい》してくれるのも、参考になります。情勢も伝えてくれるので、投票する時の判断材料になります（情勢の報道が選挙結果に影響《えいきょう》を与《あた》えることへの是非もありますが）。

全体の話だけでなく、各地区の情勢まで細かくきっちり報道してくれるのは、なんだかんだいって新聞だけです。この時ばかりは、「テレビでニュースはわかる」、「ネットで情報は拾える」とはいえないように思います。新聞を定期購読《こうどく》していないなら、せめて選挙期間中だけでも連日読むことをお勧めします。

候補者を一覧できる「選挙公報」

候補者の一覧、その主張をまとめている発行物に、選挙公報があります。それこそ新聞を購読《こうどく》していない人にとっては、選挙情報を一覧できる貴重な媒体《ばいたい》です。主管する選挙管理委員会が発行しています。

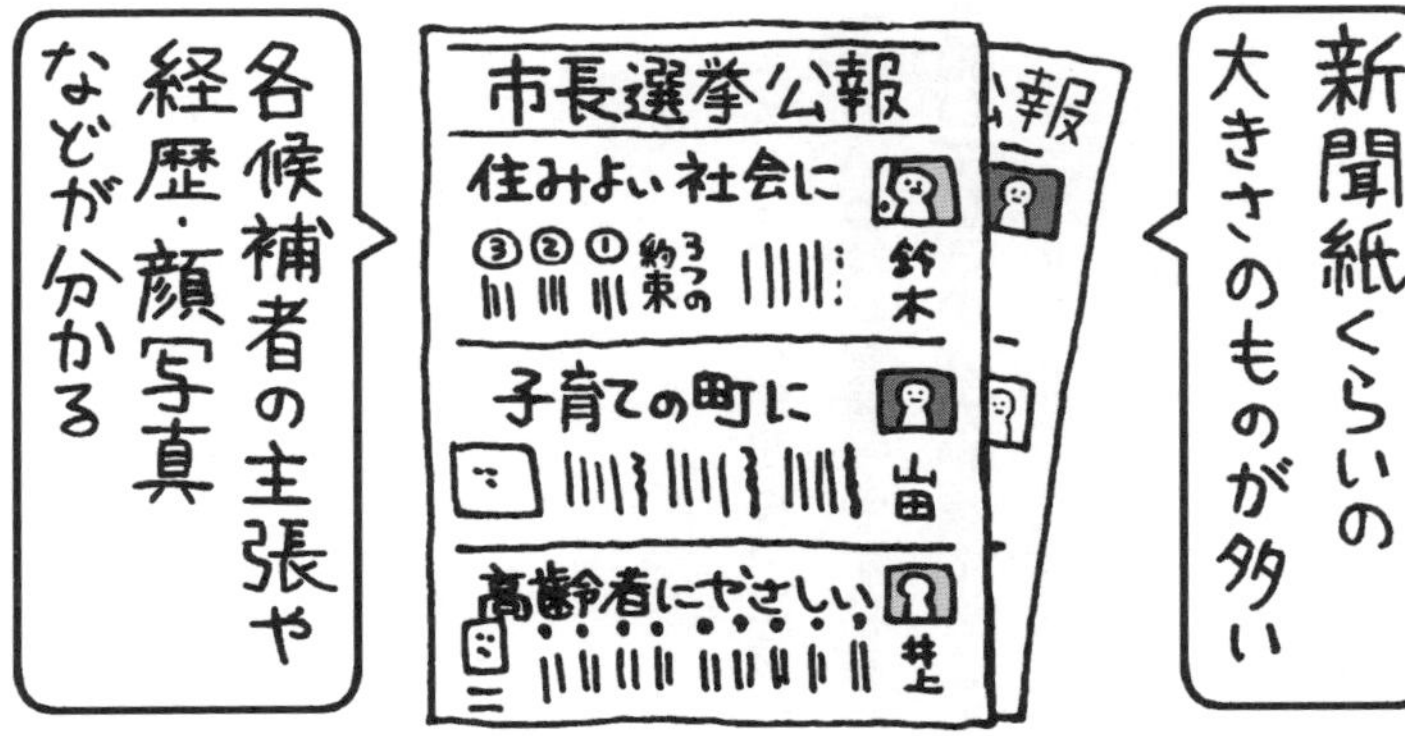

選挙公報では、町中のポスターよりもくわしく、各候補者の主張を読むことができます。経歴なども細かくわかるので、「弁護士出身なら頼《たの》もしいな」とか「高校中退の苦労人なら、弱者に優しい政治をしてくれるはず」などと見比べることもできます。多少のレイアウトの自由こそあれ、基本的にはモノクロなので、色やデザインに印象を左右されることもそれほどありません。投票前にじっくり読みたいメディアです。

将来像がわかる「マニフェスト」

情報収集の時に便利なのは、インターネットです。２０１３年からインターネットでの選挙運動が解禁となり、ホームページやブログ、ツイッターやフェイスブックなどのソーシャルネットワーク、ユーチューブなどの動画サイトで、主張やプロフィールを紹介《しょうかい》することが可能となりました。各党や候補者を比較《ひかく》する時にインターネットでまとめて情報を取れるのはとても便利です。利用できる環境《かんきょう》があるなら、ぜひ積極的に使っていってください。

この時に、とりわけチェックしておきたいのが、「マニフェスト」です。「政権公約」などともいわれるマニフェストは、**「政権を担った時には、このような政策に取り組みます」という、政党や候補者のいわば「宣言」です。それを読み比べることで、各政党や候補者がどういう将来像を描《えが》いているのかが把握《はあく》できます。**

なお、マニフェストは選挙期間中にビラの形で配布されますが、配布場所は選挙事務所、演説会の会場、街頭演説の場などとなっており、仕事や学業に勤しむ市民が短期間に各政党・候補者のものを集めるのは容易ではありません。やはり、インターネットの利用が便利です。マニフェストの中身や比較《ひかく》については新聞などでも紹介《しょうかい》されますが、できることなら、各党や候補者が発行するものを読み比べたいものです。

街頭での「候補者演説」

ここまで紹介《しょうかい》したものは、ユーチューブなどを除いて、基本的に活字や写真です。候補者の考えはわかったとしても、どのような人なのかはいまひとつわかりません。その人を知るには、やはり、しゃべっているところ、動いている姿を見ることが必要です。

そこで貴重な機会となるのが、候補者演説です。もっとも身近でポピュラーなのは、選挙カーを町中に停めての街頭演説です。こちらの時間に余裕《よゆう》がなければ最後までじっくり耳を傾《かたむ》けるというのは難しいですが、**少し立ち止まって見聞きするだけで、誠実な感じか、精力的か、熱意があるか、伝達力があるか、などが感じ取れます。**

なお、国政選挙および都道府県知事選挙の場合は、政見放送もされるので参考になります。政見放送は候補者が主張を述べるもので、テレビ・ラジオで放送されます。主にNHKで放送されています。候補者の話をじっくりと聞ける絶好機なので、余裕《よゆう》があれば、ぜひ見ておきたいところです

（なお、衆議院議員選挙小選挙区の候補者の場合、無所属および政党要件を満たしていない政治団体では政見放送に出られません）。

ちなみに、地方選挙の場合、地元の団体などが市民会館などで公開の候補者討論会を開くケースも多いです。地方選挙では情報発信が十分ではないことも多いので、こうした機会は積極的に利用したいものです。

注目される「ボートマッチ」

昨今、投票先のしぼり込《こ》みの手法に、ひとつのトレンドができています。インターネットを駆使《くし》しての選択《せんたく》です。ホームページやブログ、ソーシャルネットワークについては先に紹介《しょうかい》した通りですが、**今注目されるものとして、「ボートマッチ」というサイトがあります。用意された質問に答えていくと、自分の考えにもっとも近い政党や候補者が示されるというサイトです。**

新聞社が主催《しゅさい》するものやネット会社によるものなど、いくつかありますが、基本的にはどれも同じ構成です。複数を試みていくと、よりマッチングの精度が上がるかもしれません。「ボートマッチ」で検索《けんさく》できます。

ボートマッチはゲーム感覚で気軽にできるのが魅力《みりょく》です。質問を通して、何が問題なのか、考えるべきことは何か、などがわかるのもよい点です。

ただ、ここで出される質問は限定されたものですし、導かれるマッチングの答えもデータだけに基づくものです。実際の選挙は、候補者の実績や人柄《ひとがら》、何をいちばん重視するかなど、データだけで決められるものではありません。ボートマッチはあくまで参考材料にとどめ、最後は、自分の判断で投票先を決めていくことが大切です。

□「この選挙で重視すること」を自分なりに決める
□バラ色の言葉ではなく、語られていないことに注意する
□さまざまなツールにふれ、多角的に情報を得て、自分なりに判断する

選挙情勢をにらみながら、より有効な票になるように

さて、争点や課題も確認し、候補者の情報も集めました。ここまでくれば、心の中に意中の投票先が決まっているかもしれません。

いや、まだ迷いがある……。ここでは、そんな人に向けて、いくつかのアドバイスを送りましょう。

一票を活かすためのアドバイス

投票先の決め方として、ごく基本の最初の判断基準は、「現政権への評価」です。**それまでの政治のままでよいとするなら現政権（与党《よとう》）に投票を、「変えたほうがよい」と思うのなら対立候補（野党）に投票します。**国政でも地方選挙でも、これがごく基本的な考え方です。

もっとも、この場合、与党《よとう》・野党といっても選択肢《せんたくし》が複数あることがあります。与党《よとう》のどの党に入れるか、野党のどこに投票するか、というので、少し迷うかもしれません。

それについては、考え方は大きく2つあります。ひとつは自分の考えに近い人を選ぶというもの。もうひとつは、情勢を見て判断するものです。

前者については特に説明はいらないでしょう。「○人いる立候補者のなかで、この人の主張がいちばんしっくりくるな」、「野党のなかでもこの党の考え方がいちばん共感できる」という理由で、投票先を決めていきます。会ったことがある、地元から立候補している——といった親近感から選択《せんたく》することもあるかもしれません。

そうした選択《せんたく》方法もありだとは思いますが、この本をここまで読むほどのみなさんなら、もう少し自分の票がより活きる選び方をしてみるのはどうでしょうか?

前述の選択《せんたく》方法の場合、あなたの投じた一票は、ことによると「大差で当選する人」や「どうがんばっても当選できない人」に入っている可能性があります。特に後者は、いわゆる死票といわれるものになります。この選挙自体で当選に関係しなかった票、ということです。

しかし、せっかく投票をする以上は、自分の票をより当選に影響《えいきょう》する形で使いたいものです。それが、**情勢を見ながら投票するという選択《せんたく》方法です。**

典型的な例としては、一人を選ぶ選挙（小選挙区や首長選挙）に複数人が立候補したケースがあります。少し具体的に見てみましょう。

ぺりかん市の市長選挙です。2期務める市長のAさんが3期目にも出馬。市長としてのAさんの手腕《しゅわん》への有権者の評価は、ちょうど半々というところです。

これに対して、野党議員のBさん、市民運動家のCさんが「市政を変えよう！」と立候補します。B議員は4期も議員を務めてきたベテラン。市政にくわしく人脈も豊富です。ただ、ちょっと強引なやり口に、「あの人は反対意見を聞かないから……」などと若干の陰口《かげぐち》も出ていました。

一方のCさん。地域の自然保護運動を続けて10年。自然をこよなく愛する人で、子どもたちからも人気があります。ただ、政治経験はまったくなく、政治組織や地元の商工関係などとのパイプももっていませんでした。

さて、選挙戦突入《とつにゅう》です。実績を強調するAさんと、市政の問題点を鋭《するど》く突《つ》くBさん。その両者のぶつかり合いを傍目《はため》に、柔和《にゅうわ》な笑顔《えがお》で、「地域の自然を守りましょう！」と訴《うった》えるCさん。支持政党をもたない人びと――いわゆる無党派層のあいだでは、Cさんへの関心も高まっていきました。

――と、こんな選挙があったらどうでしょう？「自分の考えに近い人」という理由から、Cさんに投票する有権者も少なくないかもしれません。

しかし、無党派層がそのように判断して投票した場合、この選挙で勝つのはおそらくAさんです。対立側の票が二分されるからです。

もともとの構図は、Aさんへの支持が半数、対立側への支持が半数。1対1の選挙になれば接戦となりますが、対立側が2つに割れれば、対立側の勝機は減ってしまうのです。

このような選挙になった時に有権者が考えるべきは、「この政権を変えるか継続《けいぞく》させるか」が何よりも優先事項《じこう》です。それに対して「変えるべき」とあなたが判断したなら、入れたい候補者ではなく、勝てそうな候補者を選ぶことが肝要《かんよう》です。Bさんの人柄《ひとがら》に対して多少共感できない思いがあっても、Bさんに政治力と一定の組織票があり、Aさんと対等に戦うことができるなら、人柄《ひとがら》や主張でCさんに惹《ひ》かれたとしても、Bさんに投票するほうが、あなたの一票をより活かせます。

当落線上の候補者に投票

このようなシチュエーションは、実際の選挙では、実に多く見られます。たとえば3人を選ぶ選挙区の選挙の場合。上位2人は、与野党《よやとう》それぞれでほぼ決まりです。問題は3つめの議席を誰《だれ》が取るか。ここを与党《よとう》が取るか、野党が取るかで議会の構成は変わってきます。こういう選挙の場合は、３つめの席をどの候補者が争っているかを見きわめ、そのなかから選択《せんたく》することが有効です。

また、市議会議員選挙などは、自治体によっては30人以上が立候補します。この場合、30人のなかから誰《だれ》か一人を選ぶ、という選び方ではなく、**当落線上に誰《だれ》がいて、そのなかでは誰《だれ》がよいか、というのを見きわめて選ぶのが、より一票を活かす方法です。**はっきりいって、市議会議員選挙などでは、組織票をもつ上位の人たちの当選は、ほとんど最初から決まっています。大事なのは、当落線上の誰《だれ》を議会に送《おく》り込《こ》むかです。その２つ、３つの議席によって、新たに生まれる議会の性格が決まっていくのです。わずか3席程度……と思うかもしれませんが、その3席が３つとも与党《よとう》、あるいは３つとも野党なら、それによって議会のバランスが変わるのです。

このような選択《せんたく》の仕方をするには、情勢をきちんとつかんでいくことが肝要《かんよう》です。先の章で「なんだかんだいって新聞が役に立つ」と書いたのは、そうした理由もあってのことです。ちょっと難しそうだな、と思ったでしょうか？　確かに多少の経験、慣れは必要かもしれません。

しかし、意識してかどうか、有権者は少なからず、そのような投票をこれまでもしてきています。もっとも代表的な例は、２００９年8月の民主党（当時）が政権交代を果たした衆議院議員選挙です。この時、少なくない人たちが、「ふだんはほかの党に入れているけど、今度ばかりは民主党に入れた」と政権交代を推し進めました。

政治は生き物です。常に情勢は動いています。選挙のたびに、今の政治は……とチェックするのではなく（それだけでも大事なことですが）、日頃《ひごろ》から、政治の状況《じょうきょう》、流れを把《は》握《あく》しておくことが大切です。特に地方政治の場合は、日頃《ひごろ》のメディア報道が少ないだけに、意識して見ていかなければ、選挙ごとの候補者の美辞麗句《びじれいく》に踊《おど》らされてしまうことになります。

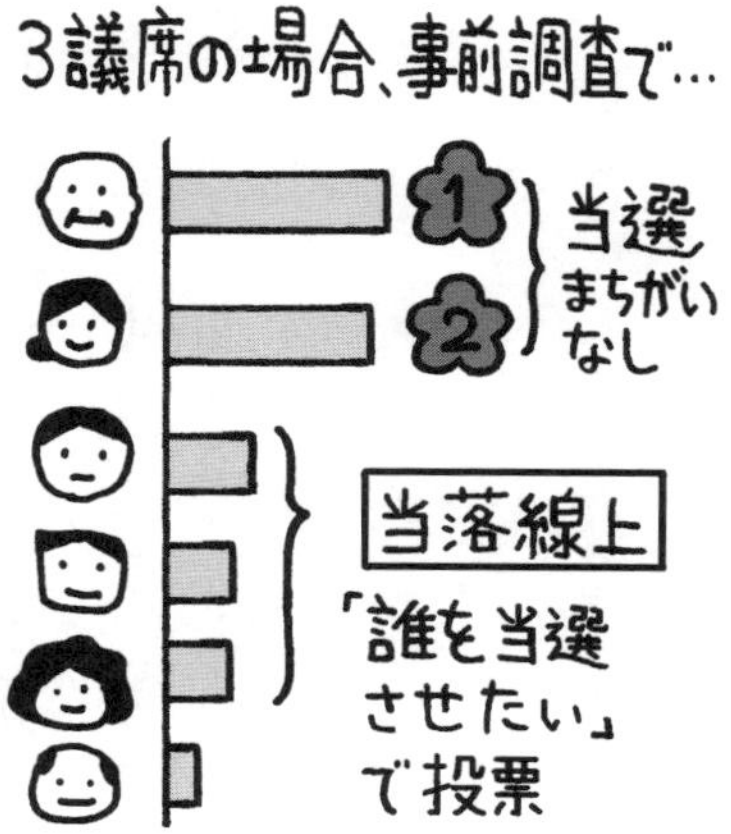

落選したとしても票は意味をもつ

また、選挙においては、その当落だけでなく、勝ち方も重要です。圧倒的《あっとうてき》大差で決まるか、薄《はく》氷《ひょう》の差で勝敗がつくのか。多くの支持を集めて当選した場合は就任後に強い発言力をもち得ますが、ぎりぎりで勝《か》ち抜《ぬ》いた場合は、やはり、対立意見を気にしないわけにいきません。**政権はやや不安定になりますが、その分、対立意見**

や少数意見が政治に反映されやすい状況《じょうきょう》があることにもなります。仮にあなたの投じた側が落選したとしても、そこで投じられた票は、当選者へのプレッシャーとして意味をもつのです。その当選した人が若く、今後も政治家として何度も選挙を戦おうという人ならなおさらです。政治家は、常につぎの選挙を気にしながら政治活動を行っていきます。だからこそ、その人への支持が揺《ゆ》るぎないものなのか、反対派の意見も取り入れないといけないような心もとないものなのかが重要なのです。

選挙のたびに、「政権への審判《しんぱん》」といった言葉がよくいわれますが、まさしく私たちは、日頃《ひごろ》の政治をしっかりと見つめて、選挙のたびに、イエス・ノーを示していかなければなりません。それは、単純な当落の結果ではなく、その内訳の票数にも出るのです。２期続けて同じ議員（市長）が当選したとしても、前回は大差、今回は僅差《きんさ》ということなら、「期待したほどではなかったけれど、もう一度チャンスをあげよう」と有権者が消極的に支持したことが読み取れます。これは、その議員・市長への何よりの「喝《かつ》」です。逆に、前回はぎりぎりで当選した人が今回は大きく票を伸《の》ばしたなら、それは、その就任期間の政治活動が有権者から支持されたことにほかなりません。その議員・市長は、以降、自信を深めて、今までの政治路線を突《つ》き進《すす》んでいけることになります。

議員・市長個人の当落だけでなく、政党全体についても同じことがいえます。情勢として与党《よとう》が議席を伸《の》ばしそうな時、「より議席を与《あた》えて、強い政権をつくるべきだ」と考えるのか、「勝つのはよいとしても、少数意見も必要だ」と捉えるのかで、投票のスタンスが変わってきます。たとえば前者なら、選挙区（小選挙区）も比例代表も与党《よとう》に、後者なら選挙区（小選挙区）は与党《よとう》、比例代表は少数政党に投じるといったやり方もあるでしょう。その時々の情勢に合わせ、今どのような政治体制が必要なのかを自分なりに考えて一票を投じていきたいものです。

選挙運動の制約、ネット解禁

最後に選挙運動についてもふれておきます。

選挙運動は、候補者の主張を伝えるための運動です。有権者はその運動を通してどの候補者に投票すべきかを判断していきます。ですから、候補者・有権者の双方《そうほう》にとって、非常に重要な運動となります。運動の期間は公示・告示日から投票日前日までです。

ただ、重要なだけに、ともすると運動が過激《かげき》なものになりかねません。たとえば、早朝から深夜まで町の至るところで街頭演説がされていたらどうでしょう？　主張が伝わるどころか、耳をふさぎたくなってしまうかもしれません。

そうした懸念《けねん》もあり、**選挙運動についてはかなり厳しい制約が設けられています。**先に例であげた街頭演説は、できる時間帯が午前8時から午後8時まで、と規定されています。また、この期間にできることにチラシの配布がありますが、これは衆議院・小選挙区の個人なら2種類以内、7万枚まで——といったように、細かく決められているのです。

こうした規定をしているのが、公職選挙法です。同法はときに、「べからず法」などと揶揄《やゆ》されたりもします。

こうした状況《じょうきょう》があるなかで、**2013年にはウェブサイトやSNS（ソーシャル・ネットワーキング・サービス）を用いての「ネット選挙」が解禁されました。これは、特に若い人たちにとっては朗報といえるでしょう。**手軽に情報を入手できることから、選挙においてのネットの活用はますます盛《さか》んになっていくはずです。

なお、選挙運動は、候補者だけでなく、有権者も行うことができます。直接会ったり電話をかけて知人に投票を依頼《いらい》したり、ブログなどに選挙運動のメッセージを書《か》き込《こ》むことができます。ただし、メールでの選挙運動はできないので、これは注意が必要です。

□「現状維持《いじ》か、政治を変えるか」。まずはそこから決める
□情勢を見れば、より一票が生きる投票をすることもできる
□有権者も選挙運動ができるが、メールは不可なので要注意

Column

組織票と投票率

選挙でよく話題になるものに、「組織票」があります。組織票とは、ある団体のメンバーがみんなで特定の党（人）に投じる票をいいます。その団体が一定の政治力をもつために、みんなで力を合わせて、政治家を議会に送り込んでいくのです。

組織票自体は、悪いことではありません。むしろ、「選挙は自分たちの代表者を生み出す機会」と考えれば、みんなで団結して応援《おうえん》するというのは非常に合理的なやり方です。

ただ、そういった票ばかりが有効になったら、政治はどのようなものになるのでしょうか。

ある団体の支援《しえん》を受けて当選した議員は、当然ながら、全体のことを考えつつも、その団体の意向を意識しないわけにいきません。その結果、政治がどんどん、その団体寄りのものになっていってしまいます。

そのような事態を防ぐには、団体などの組織に属さない人たちがしっかりと選挙に参加していくことが大切です。このような、団体に属さず、特定の支持政党をもたない有権者の票のことを「浮動票《ふどうひょう》」といいます。

組織票と浮動票《ふどうひょう》を考えるときの問題点は、ずばり、投票率にあります。組織票を投じる人たちは「この人を当選させる」という目的をもって選挙に臨んでいるので、どんな悪天候だろうが、しっかりと投票をします。ところが、特定の支持政党をもたない有権者は、自分の気分や予定を優先させて棄権《きけん》することが多く、結果、組織票が選挙結果に大きく影響《えいきょう》することになってしまっています。

昨今問題になる投票率の低さは、組織票ではなく、特定の支持政党をもたない有権者の棄権《きけん》にあるといえるのです。

座談会　当事者の若者たちに聞く

政治ってめんどくさい でも、話し合うことが大事と実感

政治への無関心や投票率の低下傾向が進むなか、次代を担う若者たちは、こうした状況をどう受け止めているのでしょうか。彼らの本音を聞こうと、国政で初の「18歳選挙権」の機会となった2016年7月10日の参議院議員選挙・投開票日の当日、17歳《さい》から20歳《さい》までの若者6人による座談会を開きました。その意見交換から見えてきたのは、「日頃《ひごろ》から話し合うことが大事」と若者たちが感じていることでした。

●平野侑さん
（20歳《さい》、大学生。サークル「知りたい‼」）
●笹瀬弘企さん
（20歳《さい》、大学生。サークル「知りたい‼」）
●佐藤可奈子さん
（20歳《さい》、大学生。サークル「知りたい‼」）
●古澤さくらさん（18歳《さい》、高校生）
●鷺沼碧さん（18歳《さい》、高校生）
●竹内莞太さん
（17歳《さい》、高校生。選挙権を得るのは翌年）

どのように投票日を迎《むか》えたか

——投票日当日です。みなさんにとってははじめての選挙ですが、投票はどうでしたか?

平野 あっけなかったですね。

——朝、ちょっと気持ちが重くなったりしなかったですか?

笹瀬 あー、ありました。

平野 あった、あった。選挙公報をながめながら思いました。なんでこんなに政治ってめんどうくさいんだろうな、と。

全員 (笑)

——でも、行ってみたらあっけない。そうすると、今日は天気がいいけど、雨が降っていたりしたら……。

メンバー 行かないかもしれないですね。

平野 ぼくは、佐藤さん、笹瀬さんたちといっしょに「知りたい!!」というサークルをやっています。前日にその集まりがあったので、そこで選挙公報を持ち寄ってみんなで話して考えました。でも、結局最後はフィーリングで決めたというか……。そうならざるを得ないなという感想をもちました。

——その「知りたい!!」というサークルは?

平野 今回の18歳《さい》選挙に向けて、地元の公民館が「選挙」などを学ぶ連続講座を開いたのです。その参加者が中心になって、「もっと学ぼう」とサークル化しました。公民館講座を受けたのは親に勧められたからで、以前は、特に政治に関心をもっていたわけではありませ

平野侑さん

ん。ほかのメンバーもみんな似たような感じです。

――ほかのみなさんは、どう投票先を決めましたか？

笹瀬弘企さん

笹瀬　ぼくも「知りたい!!」のメンバーですが、知らないことがたくさんあることに驚《おどろ》いたのが選挙や政治に関心をもつようになったきっかけです。昨日の集まりでは、ぼくは投票先を決めていたので、それを話しました。みんなに後押《あとお》ししてもらえれば気持ちよく投票できるな、と思ったんですね。ところが、年長の方と意見がぶつかりまして……。かえってそのことで、「だったら自分の考えを主張するためにも、ここに投票しなきゃ」と思えたのですが。

古澤　私は、インターネットを使って政治家を調べました。質問に答えていくと自分の考えと合う政治家を調べられるボートマッチというサイトがいくつかあるのですが、それを4回くらいやって、候補者をピックアップしました。ただ、選挙区の候補者についてはそれができるのですが、比例代表のほうは調べきれなくて、悔《く》いが残ります。本当は比例代表制も「人」に投票したかったのですが、決めきれずに、結局「党」に入れてしまいました。

鷺沼　私も同じ悔《く》いがあります。私は学校の寮《りょう》に入っているのですが、寮ではいつでも自由にはネットが使えません。細かく調べるためにパソコンを使いたいなというのを感じました。そのぶん、公報をよく読みました。

──この座談会の時点ではまだ開票前ですが、今、どんな気持ちですか？ すっきりしていますか？

佐藤 私は「ここだな」と自分を信じて投票したので、特に悔《く》いなどはありません。

笹瀬 ぼくは、なんかもやもやしています。昨日論争したということもあって、自分が入れても、ほかの人はそこに入れていないんだな、というのが頭の片隅《かたすみ》にあるんです。結果を見たら、少し落ち着くかもしれませんが。

はじめての選挙への感想は

──今回はみなさん、はじめての選挙ですよね。どういう感想ですか？ 特に、20歳《さい》の3人は、子どものころから20歳《さい》になったら選挙権がもてるとわかっていたわけですが。

佐藤 私はこの時を待っていました。選挙に行きたいなというよりも、投票率が低いことにずっと怒《おこ》っていたので。どうして大人はちゃんと投票しないのって。だから、自分が選挙権を得て、よし、行くぞ、と。

平野 ぼくは佐藤さんほど積極的ではなかったですが、それでも、新鮮味《しんせんみ》というか、「やっと来たな」みたいな感じはあります。ただ、今回の18歳《さい》選挙権のおかげで選挙に目が向いたというのはあると思います。二十歳《はたち》になった時って、『やっとお前も酒が飲めるな』とは言われますが、『やっと選挙に行けるな』とは言われないですよね。感覚として、20歳《さい》イコール選挙権、というのはあまり意識していなかったというのが本当のところです。

笹瀬 ぼくも、18歳《さい》選挙権のおかげで、選挙に関心をもつようになりました。これに合わせて、いろいろ学べたのが大きいです。この変化がなければ、もしかしたら今日だって、投票に行っていなかったかもしれません。

――18歳《さい》のお二人はどうですか？　予期せず選挙権が突然《とつぜん》与《あた》えられた形となりますが。

鷺沼　私は、18歳《さい》選挙権を知って、なぜか「よっしゃ」と思いました。

古澤　私は逆です。えっ、という感じでした。考えることが増えるじゃん、という……。適当には投票したくないので、選挙に合わせてちゃんと調べないといけません。でも、受験とかあるし、意外に自分の時間がないんです。やることが増えるのはちょっと……という気持ちになりました。

竹内　ぼくはまだ17歳《さい》なので今日の選挙には行けませんでしたが、クラスの雰囲気《ふんいき》としては、「面倒《めんどう》くさいものがおりてきたな」という感じがありました。ぼくたちの高校は、今週、ちょうど定期テストなんですね。9月の文化祭・体育祭に向けての準備も始まっているし、体育系の部活の3年生にとっては、最後の大会を迎《むか》える時期でもあるんです。学校からは、1週間ぐらい前に選挙についてのリーフレットが配られましたが、生徒の多くは、「それどころじゃないよ」みたいな感じで受け止めていました。

平野　そうなんだ……。18歳《さい》選挙権になっても、学校の雰囲気《ふんいき》は変わらない？

古澤　1クラス約50人なんですが、今回投票できる人は10人くらいなんです。少数だったせいか、選挙の話題にはなりませんでした。通学路で選挙のポスターを見かけて、「ああ、選挙だね」と。そのぐらいです。

平野　確かに、18歳《さい》は進路を決めないといけないし、関心が選挙に向きにくい面があるかもしれないですね。ぼくは今大学生なんですが、自分の実感でも、大学生のほうが時間があるんです。ゆっくり考えたり、サークルのみんなと会ったり、本も読めるし、自由時間も取りやすいです。だから、選挙についてもちゃんと調べたりできるのですが、18歳《さい》だとそれはやりにくいかもしれません。

佐藤　私が思ったのは、18歳《さい》だと迷うんじゃないかな、ということです。自分自身をふり返っても、18歳《さい》の時はまだ方向性を決められていなかったし、染まりやすい時でもありました。20歳《さい》だと成人という自覚がありますが、18歳《さい》では、そこまで自分がはっきりあるわけじゃない。そういう若者を、大人が利用しようとしたら怖《こわ》いな、と感じます。

佐藤可奈子さん

「選挙」に対する向き合い方

——ところで、そもそもの話ですが、みなさんは「選挙」というものをどう捉《とら》えていますか？　向き合い方とか、一票の重みとか、そのあたりはいかがでしょう？

鷺沼　私は「選挙権」というくらいだから、権利だと思っています。せっかく権利があるんだったら、自分は行使したいというスタンスです。

平野　前に政治学者の記事を読んだのですけど、一票は大事と言われますが、実際の選挙では現実的には軽い。だからこそ、変なプレッシャーを感じずに思うまま投票すればいいんだ、というような内容で、なるほどな、と思いました。「一票は軽いけど、素直に出していこうよ」みたいな感じの考え方のほうが、みんな気軽に行けてよいのかな、と思ったりもしました。

竹内 自分が一票を投じてもたいして影響《えいきょう》がない、というふうに考えると、忙《いそが》しい高校生活のなかでは、選挙の優先順位が下がることになるのかな、と思います。どうせ行かなくても……と考える高校生は多いのではないでしょうか。

笹瀬 結局選挙って、選挙と自分だけの関係になってしまっていますよね。選挙イコール投票、というか、投票さえすればいいみたいな……。一票を投じるだけじゃないと思うんですが。

平野 同感です。投票に行って終わりじゃなくて、みんなで話すということが必要かなと思います。ぼくたちが「知りたい!!」というサークルを始めた動機には、「もっと知らないと、投票もちゃんとできないね」というのがありました。そして政治のことを考えていくには、みんなで話し合っていくことが大事だと思ったんです。ヨーロッパあたりだと大学生が集まるとだいたい政治の話になるそうですが、日本ではそんな雰囲気《ふんいき》はまったくありません。ぼくのまわりでも、政治の話題で「こう思うんだよね」と切り出しても、「なに言ってるの、お前」みたいな感じで終わっちゃうんです（笑）。

竹内 確かに、政治のことなどは、学校でぽんと言える話題ではないですね。

古澤 私は実は今回、父と憲法改正をめぐって意見がぶつかったんです。でも、父と話すと、「結局、親の意見が正しいのかな」と思ってしまうんですね。そういうなかで、同世代のみんなはどう考えているかがわかると、自分の意見をしっかりもてるようになるかもしれません。実際の政策をテーマにしたディスカッションは学校の授業では行われないですし、そういう場はまったくありません。私自身は、自分の意見をもつことに慣れていないというか、意見をもつことが少し怖《こわ》いような気がしています。

鷺沼 私も、実際の政策とかのディベートをしてみたかったなと思います。違《ちが》う意見を聞いてみたいというのがあります。

平野 せっかく18歳《さい》選挙権にしたんだから、学校でもそういうカリキュラムがあってもいいですよね。何もないと変わらないですよ。

古澤さくらさん

佐藤 私も、選挙権の年齢《ねんれい》を下げるだけの教育体制ができていないのをすごく感じます。学校で時間を取るべきだと思います。

平野 そうすると、やはり模擬《もぎ》選挙がいいですよね。アメリカなどでは実際の選挙に合わせて、候補者を見比べたりマニフェストを読んだり、ディベートしたりして、模擬《もぎ》でそれぞれ投票するということをしているそうなのですが、テストとか関係なく、みんなで話し合って投票先を選んでいくというのは、すごく刺激《しげき》になると思います。どこが勝つかが問題ではなく、みんなで話すことが大事なのだと思います。

佐藤 考えたりね。

平野 そう。模擬《もぎ》選挙というのは、投票の体験というより、みんなで話し合うための仕掛《しか》けなんだと思います。

竹内　でも、今の日本の学校でそれができるか疑問です。前に学校で、6人くらいで班をつくって、ディベートの授業をしたことがあります。でも、誰《だれ》も話さないんですよ。「お前、何書いた?」みたいな感じで。ここに集まったメンバーは選挙に関心のある人たちですが、学校には選挙や政治に関心をもたない人もいます。そういう人が一定数いるなかで模擬《もぎ》選挙などをするというのは難しいのではないでしょうか。

佐藤　私たちって、小さい時からずっと受け身の勉強の仕方できていますからね……。実際に話し合うことで意見が深まるという楽しさを体験すれば、むしろ、もっと話したい、もっと意見をぶつけたい、と思うはずなんだけど……。そうやって意見をぶつけあって、より深めていくことを……、なんていうの?

平野　民主主義?

佐藤　民主主義って言うの、これを?

平野　ぼくはそれが民主主義だと思っているけど。

佐藤　そうか。じゃあ、それだ。

全員　(笑)

佐藤　私は、「知りたい!!」の活動で、人の意見を聞いたり、意見がぶつかったりすることで、自分の考えが深まるのを実感したから、恐《おそ》れずに発言できるようになりました。もし学校で、話し合う力とか、主体的に考える力を身につけられるようになっていくと、今までのような受け身ではなく、みんな積極的に関心をもっていくようになると思います。

笹瀬　話し合いって、結局理解し合えないこともあると思うんです。でも、それを恐《おそ》れて自分のなかだけで完結してしまうと、それこそ偏《かたよ》った知識になってしまうと思います。選挙の話でいえば、一票では世の中は変わらない、と言って投票に行かない人がいますよね。でも、「一票では変わらない」という意見があるなら、それを誰《だれ》かと話せばいいと思うんです。だから行かない、と、そこで終わらせるんじゃなくて。どんなことでも、自分のなかで完結せずに、人と話して広げていくことが大事だと思います。

みんなで決めることに意義

――今日参加してくれた鷺沼さん、古澤さんは、東京都東久留米《ひがしくるめ》市にある私立校「自由《じゆう》学園《がくえん》」の生徒さんです。自由学園は自治による学校運営を行っていると聞いています。そのあたりを教えていただけますか。

古澤　私たちは女子部なのですが、「女子部」を一つの社会として、委員会を設け、食・住・農芸などのブロックに分かれて、学校をよく運営するにはどうすればいいか、などを話し合って決めています。簡単な例でいうと、食事づくりの道具をどう管理するか、などです。委員会は年に5回入《い》れ替《か》わりがあり、そのつど選挙を行います。中学1年生から高校3年生まで全員参加です。

鷺沼　選挙は、みんな講堂に集まって、人数を数えて、最後の一票まで厳密にやります。開票まで、毎回2、3時間かかります。そこで委員

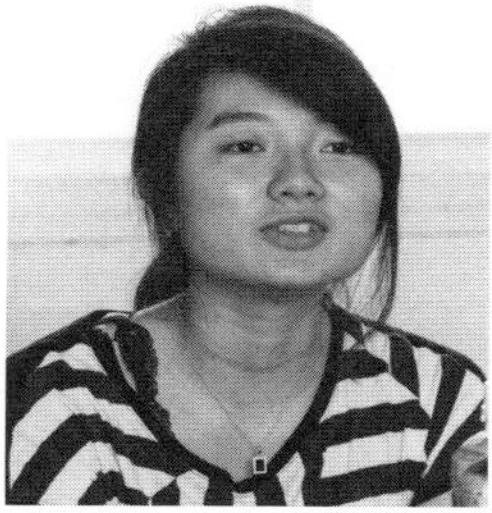
鷺沼碧さん

長・副委員長などが決まるのですが、そのメンバーによって委員会の雰囲気《ふんいき》がかなり変わります。おもしろいのは、委員会によって学校の雰囲気《ふんいき》も変わることです。委員長がリーダーシップをとれているかなどで下級生にも影響《えいきょう》が出るのです。

――選挙で委員長・副委員長を選ぶということですが、選挙では、何を基準に投票するのですか。

鷺沼　だいたい抱負《ほうふ》で選んでいます。抱負は事前に候補者が全校生徒の前で発表します。

古澤　それと、人柄《ひとがら》です。ふだんの生活態度を見ていますので、あの人ならちゃんとやってくれそうだな、とかで。ふだんの生活ぶりを見られると、選ぶのは楽です。

――これを聞くと、ふだんをちゃんと見ていないとダメということを感じますね。

佐藤　すごく思いました。今回の選挙でも、議員のふだんの生活とかが気になりましたか？

古澤　はい。この人なら働いてくれそうかどうかというのを、ぜんぶ納得したわけではないですが、自分なりに結構調べたつもりです。

――そういう自治生活で、どういうことを感じていますか？

鷺沼　みんなで自治をしていくには、話し合いを重ねなければなりません。話し合っていくと、正しいと思っていた仕組みや規則に疑問が生まれることも多いです。いろいろな意見にふれるなかで、総合的にものを考えられるようになる気がします。

古澤　やっぱり、みんなで決める、ということに意味があると思います。私は先月、山登りのリーダーを務めたのですが、これも選挙で選ばれました。先生が指名するというのもよいのでしょうけど、みんなで選ぶからこそ、全員がその人をサポートしようという気持ちになるのだと思います。リーダーになって、それをすごく感じました。

未来の日本をイメージする

——ところで、みなさんは今の日本社会をどう見ていますか?

鷺沼　私は格差が気になります。教育費の問題もあり、日本では親の貧困が子どもに受《う》け継《つ》がれていっています。格差は是正するべきです。

平野　ぼくは、漠然《ばくぜん》とした不安を感じています。経済はよくならないし、政権交代しても世の中変わっていないし、就職率もよくないみたいだし……。どんよりした空気みたいなのを感じます。

笹瀬　本当にそうだね。ぼくも不安です。

佐藤　ぱーっと明るく、とかはないですね。ぜんぜん。

——政治家についてはどうですか?

竹内　あまりいい印象はないです。政治家の不祥事《ふしょうじ》も多いし、なんか、ころころ変わっちゃう、というか……。だったら最初からそんな人選ばないでよ、と思ってしまいます。でも、若者全員がそう思っているわけではなくて、そもそも関心がないという人もたくさんいると思います。

鷺沼　私は、選挙の時だけがんばって、当選してポストに就いたらあとは怠《なま》け

竹内莞太さん

そう……というイメージがありますね。

平野　結局、若者の投票率が低いというのは、どうせ誰《だれ》に投票したって変わらないでしょ、というのがあるのでしょうね。政治家のほうも、若者向けに政策を打ち出しても反応がない、と思っているかもしれません。その悪《あく》循環《じゅんかん》をどう断ち切るかが課題だと感じます。

——こういう話の時、みなさんは国政をイメージしていますよね。地方についてはどうですか？　選挙では、地方自治体の政治家も選んでいくわけですが。

平野　公民館の講座では、国と地方は同等、などと教えられましたが、実際には、やはり国が上で、そこから下りてくる政策を地域が行っているというふうに感じます。そうなると、なかなか関心をもつのは難しい……。

佐藤　私は幼児のころから今の市に住んでいますが、大学は市外だし、アルバイトもしていて、家には寝《ね》に帰るという感覚です。あまり市内で過ごしていない。正直、地域を身近に感じません。住んでいる場所は好きですし、選挙があればもちろん行きますが、関心は低いですね。

竹内　市長や地方議員を、選挙の時以外で見た記憶《きおく》がありません。

佐藤　テレビに出ないしね。

平野　とはいえ、一方で、小さな範囲《はんい》でいろいろやっていくというのは必要かもしれませんね。小さいところから固まっていったほうが、より民主主義的な形になっていくのかな、と思います。

鷺沼　小さな単位でやったほうが、いろんな意見を汲《く》み取《と》りやすいですよね。

笹瀬　本当は、いちばん身近なわけだし。

平野　それなのにどうして地方の投票率は低いのだろう?　根底には、国だって変わらないのに地方なんて誰《だれ》がやっても同じだよ、というのがあるのかな。

竹内　メジャーじゃないというか、立候補している人も知らないですし、わからないというのがありますよね。

日頃《ひごろ》から選挙について話を

――最後に、感想をひと言ずつ。

平野　今日話してみて、あらためてこういう話をする場をつくることが大事だと思いました。その地道な積み重ねが、投票率のアップもそうだし、社会がよくなる道にもつながるのだと思います。

笹瀬　また話したいですね。今日は、いろいろとヒントをもらった気がします。

佐藤　ほかの人の意見に共感したり感動したりで、楽しかったです。やっぱりこういう場はいいな、と思いました。

鷺沼　寮生《りょうせい》ですから、学園以外の方と接する機会が少ないので、今日は純粋《じゅんすい》に楽しかったです。

古澤　選挙がなくても、政治について話す機会があれば参加してみたいなという気持ちになりました。

竹内　今回は18歳《さい》選挙権で話題になりましたが、これが一過性のブームでは仕方ないと思います。選挙権のない高校生、さらには中学生などでも、日頃《ひごろ》から選挙について話していくことが必要かなと感じました。

（東京《とうきょう》都西東京《にしとうきょう》市の「ひばりテラス118」で。写真撮影《さつえい》＝押山智良）

Column

投票する権利

戦後、70年にわたって「投票できるのは20歳《さい》から」と定められてきましたが、２０１６年６月に、いわゆる「18歳《さい》選挙権」が導入されました。高校の同じクラスの中に、18歳《さい》以上で投票できる人と、まだ17歳《さい》で投票できない人とがいるようになったのです。

ところで、投票日によっては、その日が誕生日という人もいるはずです。さて、18歳《さい》以上とはどういう条件を指すのでしょうか。

その答えは、「投票日に満18歳《さい》になっている」というものです。「満」年齢《ねんれい》は、誕生日の前日の午前０時からのこと。具体例でいうと、２０１６年７月10日の選挙の場合、選挙権があるのは１９９８年７月11日生まれまでの人ということになります（法律上は誕生日前日の７月10日に満18歳《さい》となっています）。

このように定められる「選挙権」ですが、年齢《ねんれい》以外にも多少の条件があります。特に注意すべきは、都道府県・市区町村の選挙においては「３カ月以上その地に住所があること」が条件になることです。「住所」は、住民票によって選挙人名簿《めいぼ》に登録されています。暮らしている事実だけでは対象になりません。ほかの自治体に引っ越《こ》す場合は、「住民票を移す」手続きを忘れないようにしてください。

さて、このように日本で始まった「18歳《さい》選挙権」ですが、世界ではすでに、１９１の国・地域のうち約９割が導入しています。アメリカ、イギリス、イタリア、ドイツ、フランスなども18歳《さい》以上です。

民主主義の原則からいえば、より多くの人に選挙権が与えられるべきといえます。そうした認識から、アルゼンチン、オーストリア、キューバ、ブラジルなどの一部の国では、選挙権を16歳《さい》以上としています。

2章

今、どんなことが政治的課題になっているの？

地方の政治的課題とは

まずは市民憲章などでまちがめざす方向を確認しよう

1章で選挙の基本と投票先の選び方を確認しました。そのなかでは、「現状を維持《いじ》したいか、変えたいかをまず決めよう」とも学びました。

さて、それであれば当然のことですが、「現状がどうなっているのか」ということをきちんと把握《はあく》していなければなりません。

この章では、現在の政治状況《じょうきょう》をどう捉《とら》えていくか、そしてそれが自分の生活にどう関係しているか、という点についていくつかの面から確かめていきます。特に、メディアで報じられることが少ない地方行政の見方について、いくつかコツを紹介《しょうかい》します。

なお、ここでふれる政治的課題は、多様な課題のなかのごく一例です。政治的課題、ニュース報道を見る時の受け止め方などをつかんでいただければと思います。

地方行政に無関心な私たち

　地方行政は私たちの生活に深くかかわっています。生活道路、上下水道、ごみ処理、学校、図書館、公園――。日常的に利用する施設《しせつ》やサービスの多くが、都道府県や市区町村によって整備・運営されています。

　ところが私たちは、そんな大事な地方行政にあまり関心を向けず、「よくわからない」「市の職員がうまくやってくれるんでしょ」といった意識で、選挙からも足を遠ざけがちです。地方選挙では、30％台の投票率も珍《めずら》しくありません。２０１０年には、広島県《ひろしまけん》東《ひがし》広島市《ひろしまし》の議員補欠選挙で約９％という投票率も記録されています。

　地方行政に関心を向けにくい理由のひとつは、ていねいに状況《じょうきょう》や出来事を教えてくれるメディアが少ないことにあります。**地方行政の具体的なことは学校でも教えてくれないため、多くの人が「自分の〝まち〟の状況《じょうきょう》を知らない」という事態に陥《おちい》っています。**

　そこでここでは、地方行政のどこを見ればいいのか、どんなことが政治課題としてあるのかをいくつかピックアップしてみます。

どんな〝まち〟をめざしているか

地方行政をみるうえで最初に確認すべきことは、その〝まち〟(市区町村のこと。以下、「まち」で統一します) がどのようなまちをめざしているかということです。

ひと口にまちといっても、基礎《きそ》自治体 (=市区町村) で1718 (2016年8月現在) あり、その性質はさまざまです。

いわゆるベッドタウンというまちもありますし、逆に、都心などでは商業のまち、官公庁のまち、などがあります。

地方に目を転じれば、水産業が盛《さか》んなまち、農業で栄えるまち、工場が林立し工業従事者が多いまち、酪農《らくのう》のまち、観光のまち、ショッピング施設《しせつ》の集まるまち――などさまざまです。

こうした「特色をもつ」ということは、まちにとって非常に重要です。

たとえば「子育てしやすいベッドタウン」のケースで考えてみましょう。このまちの狙《ねら》いは、子育てしやすい環境《かんきょう》をつくる→子をもつ20～50代の人口が増える→働き盛《ざか》りの人びとが増えることで住民税による税収が上がる→それによってまちの財政状況《じょうきょう》がよくなる→さらに住みやすいまちづくりができる――というものです。

そのための事業として、市は、保育所・児童館・学童クラブなどの数を増やす、魅力《みりょく》的《てき》な公園をつくる、子育て関係の情報発信に力を入れる、といったことをします。なかには、子どもの医療費《いりょうひ》を無料にしたり、子育て世帯の買い物に助成金を出したりするところもあります。

こうした事業には当然費用がかかりますが、そこで育った子どもたちが地域に愛着を感じ、成人後もずっと住み続けてくれるなら、まちとしては永続的な発展につながっていくので、それは有意義な投資です。

このように、**まちには「このまちはどうあるべきか」、「どんなまちをめざすか」というビジョンがあります。有権者としてはそれをまず確認**し、たとえば「子育てしやすいベッドタウンをめざすのは良策だ」と現状維持《いじ》を支持するのか、「高齢《こうれい》社会なのだから、もっと高齢者《こうれいしゃ》に配慮《はいりょ》すべきだ」、「産業を生み出さないとまちが立ちゆかなくなる」などと政権交代を望むのかという判断をしていくことになります。

なお、そのまちがどのような方向をめざしているのかは、市民憲章などを見ればわかります。市民憲章は、ホームページにも、市の要覧にも、必ず出ています。また、詳細《しょうさい》はこの後でも説明しますが、各自治体がつくっている総合計画なども参考になります。

まずは、自分の暮《く》らすまちが、どんなまちをめざしているかを知るところから始めてみましょう。

まちの財政状況《じょうきょう》を知る

地方行政も、都道府県単位、市区町村単位で、それぞれ収入・支出（行政の場合は「歳《さい》入《にゅう》・歳出《さいしゅつ》」といいます）を管理し、自主運営を行っています。政治の仕事は、ちょっと大ざっぱな言い方をすれば、税金などでお金を集め、それをもとにして暮《く》らしやすいまちをつくっていく、ということになります。

暮《く》らしやすいまちにするためには、道路の整備も必要ですし、気軽に使える公園も不可欠です。図書館など文化施設《しせつ》も欲しいですし、ごみ収拾もこまめに来てくれると助かります。

しかし、「あれも欲しい」「これも欲しい」と片《かた》っぱしから対応していたら、財政はあっという間に破綻《はたん》してしまいます。何を実現し、何をあきらめるのかは、そのまちの考え一つです。

「将来のために、市庁舎を建《た》て替《か》えよう」、「高齢者《こうれいしゃ》のための施設《しせつ》を新設しよう」といった多額な費用を要する政治課題が出た時、**それが本当にまちにとって必要なことなのか、財政面を意識して判断していかなければなりません。**余剰《よじょう》施設《しせつ》を転用することができないか、など、現実的に考えていくことが重要です。

そのためには、「今、市の財政はどうなっているのだろう？」と一度調べておくことが不可欠です。難しいことではありません。まちの財政状況《じょうきょう》は、どこの自治体でも、市報などで必ず広報しています。ホームページなどでも情報公開されています。わからなければ、財政課か広聴課に気軽に問い合わせるとよいでしょう。

まちの公共施設《しせつ》の老朽化《ろうきゅうか》の問題

今、多くの自治体が直面しているのが、公共施設《しせつ》の再編です。背景にあるのは、少子高《こう》齢化《れいか》です。かつては子どもの数がどんどん増えていたため、子どものための施設《しせつ》が必要でしたが、今や4人に1人が高齢者《こうれいしゃ》という時代になり、求められる施設《しせつ》の種類が変わってきました。また、30年前、40年前に建てられた施設《しせつ》は老朽化《ろうきゅうか》も進んでおり、役割・耐久性《たいきゅうせい》の両面から、公共施設《しせつ》全体の見直しが進んでいるのです。

ただ、公共施設《しせつ》の難しいところは、必ずしも「利用率＝価値」とはならないところです。民間企業《きぎょう》の場合は、収益につながらない施設《しせつ》や不採算施設《しせつ》は閉鎖《へいさ》していくことになりますが、公共施設《しせつ》の場合は、不採算でも意義がある施設《しせつ》は存続していくべきという考え方があります。一般《いっぱん》に、文化施設《ぶんかしせつ》や福祉施設《ふくししせつ》にはそういう傾向《けいこう》があります。

一例として、ここでは「男女平等推進センター」をあげてみます。同センター自体は、自治体に不可欠な施設《しせつ》ではなく、実際、設置していないまちも少なくありません。しかし、同センターには配偶者《はいぐうしゃ》からの暴力（ＤＶ）に苦しむ女性の最初の相談窓口にもなりうるという機能があり、高い利用率が見込《みこ》めないから不要、とは単純にいいきれないのです。

新設にせよ、改修・閉鎖《へいさ》にせよ、施設《しせつ》の整備には多額の費用がかかります。だからこそ、このまちに本当に必要なものは何なのか、という判断は重大です。もし、何かの施設《しせつ》を新設、あるいは閉鎖《へいさ》するということが争点の選挙があったら、単純に「欲しい」「いらない」という感情論ではなく、財政状況《じょうきょう》やまち全体の施設《しせつ》のバランス、まちの人口構造や今後の開発計画などもふまえ、総合的に判断していかなければなりません。

介護《かいご》保険、住民サービスについて

住民サービスや住民の負担のなかには、よりダイレクトに、金額の多寡《たか》で自治体ごとに差が出るものがあります。地方行政が直接運営にかかわっているものです。代表的なものでは上下水道料金や保育料などがありますが、ここでは、介護《かいご》保険を取り上げてみます。

介護《かいご》保険は介護《かいご》が必要になった時の個人の負担額を小さくするための保険です。40歳《さい》から加入義務があります。運営するのは市区町村です。

高齢化率《こうれいかりつ》や高齢者福祉《こうれいしゃふくし》の環境《かんきょう》などは市町村によってまったく違《ちが》いますから、その保険料も全国でばらばらです。２０１５年（第６期）で見た場合、保険料の月額の全国平均は５５１４円ですが、鹿児島《かごしま》県三島《みしま》村は２８００円、奈良《なら》県天川《てんかわ》村は８６８６円と、実に５８８６円もの差が生じています。年額にすれば約７万円。かなりの違《ちが》いです。

こうした措置《そち》がとられた時に、その額が適正なのか、そもそも高齢者福祉《こうれいしゃふくし》が不十分ではないのか、などの視点をもつことが大切です。「市が決めたなら仕方ないね」と納得するのではなく、**他市との違《ちが》いはどこにあるのか、などを探り、「なんだかんだいって、私のまちはがんばっている」と思えば現状維持《いじ》を、「ぜんぜん努力が足りないよ！」と感じるなら政権交代を求めればよいのです。**

介護《かいご》保険を例にとりましたが、保育料を重視する人も少なくないでしょう。「まちには多くの裁量がある」ということを認識して、選挙に向かっていってもらえればと思います。

□都道府県・市区町村の行政は、私たちの生活に深くかかわっている
□都道府県・市区町村で独自にできることは多い
□自治体の財政を知ると、政治が見えてくる

地域の実情を知るには

手がかりはたくさんある情報を見きわめよう

さて、地方行政には、実は独自にできることがたくさんある、ということがわかってきました。実際、地方の各議会では、新事業の承認や、新しいルールづくりに取り組んでいます（その自治体独自の法律を「条例」といいます）。

とはいえ、メディアからの情報も乏《とぼ》しいなか、私たちは、どうやって地方行政の実情や政治課題を知っていくことができるのでしょうか。その有効な手段を、以下にいくつか紹《しょう》介《かい》します。

地域メディアの情報は欠かせない

「地方ではメディアの情報が乏《とぼ》しい」――と書いたばかりですが、そうはいっても、やはりメディアは欠かせません。私たちが政治課題を知るには、市区町村レベルにおいても、やはりメディアがベースになります。

といっても、市区町村のメディアの状況《じょうきょう》は場所によってまるで違《ちが》います。あなたの住むまちには、そのまちの情報を扱《あつか》う信頼《しんらい》できるメディアがありますか？　あるなら、それはラッキーです。

一般的《いっぱんてき》にまちの情報を伝えてくれるメディアとしては、やはり新聞が頼《たよ》りになります。どの新聞にも、地域ごとに分けられた「〇〇版」というページがあり、その地域で起こったことなどを伝えてくれます。最近は新聞を購読《こうどく》しない人も多いですが、地域版などは新聞でしか読めないので、やはり1紙は定期購読《こうどく》するとよいでしょう。

新聞のよいところは、問題を簡潔に整理してくれるところです。地域の場合は顔が見えやすいですから、ブログやSNSも情報収集の手段としては有効です。ただ、**ネットやSNSの場合、片方の主張だけだったり、感情が先に立つものだったり、表現が十分でなく誤解を招くものだったりと、情報の質に問題のあるケースが少なくありません。**その点、新聞の記事は、教育された記者が書いたものをさらに経験豊富なデスクがチェックして掲《けい》載《さい》に至っています。ですから、中立的で信頼《しんらい》できる記事になっているのです（といっても、新聞の情報を鵜呑《うの》みにしていいということではありません）。

プロがかかわる、という点では、地方には特定エリアだけに発信されるケーブルテレビやコミュニティーFMなどもあります。ニュース番組を視聴《しちょう》できるなら、それらもよい情報源です。

なお、地方の場合、どの自治体にもエリア内の発行数ナンバーワンのメディアがあります。市報（市の広報誌）です。

市報は、その時々の市の動きを紹介《しょうかい》し、予算・決算なども公表してくれるので、非常に有用です。

ただ、市報だけを情報源にするのはお勧めできません。市報には、批判がないからです。基本的には、すべてよい政策として公表されます。

しかし、実際の政策には、見落としがちな欠点がある場合もあるし、反対意見が多数あがっているケースもあります。それらにふれなければ、その事案の本当の価値や必要性が見えてきません。「批判的な目をもつこと」「批判的な意見にふれること」が大切です。

施政《しせい》方針を読む

地域情報の場合、国政のように誰《だれ》かが解説してくれるということはあまり期待できません。都道府県政や市町村政（以下、「市政」で統一）への評価は、自分でくだしていく必要があります。

施政方針は、ほとんどの自治体のホームページで読めます
文化を守る○○市
まちづくり
PCやスマホタブレットで

「そんなこと言われても、まちが何をめざしていて、どんな問題をかかえているかわからないよ……」

そんな声も聞こえてきそうです。

そこでまず紹介《しょうかい》したいのが、市長の施政《しせい》方針を読むことです。施政《しせい》方針では、現在の国の動向、社会情勢などの大枠《おおわく》からの説明があり、そのなかで市長が何に着手していくのかが語られます。演説される場合は20～30分ぐらいが一般《いっぱん》的《てき》な長さのものですが、これを見聞きするだけで市政の概略《がいりゃく》がつかめるのは確かです。

施政《しせい》方針は、たいてい、翌年度予算案を審議《しんぎ》する2月ないし3月の議会の冒頭《ぼうとう》に示されます。その原稿《げんこう》は、市役所にある市政情報コーナーにあるはずですし、市のホー

ムページに公開されることも多いです。議会のウェブ中継《ちゅうけい》をしている自治体なら、その演説の録画を見ることもできるでしょう。

なお、施政《しせい》方針は議会で示されるため、単体で記録が保管されていない場合は、議事録からさかのぼれるはずです。議事録自体は多くの自治体がホームページで公開しているので、家にいながらにして情報にアクセスできます（議事録の発行には、議会終了《しゅうりょう》後から2、3カ月を要する自治体が多いです）。

まちの「基本計画」・「予算書」を見る

施政《しせい》方針にふれたうえで、もっと市政の具体的な事業を知りたい、というのなら、つぎに役立つのは「計画」と「予算書」になります。

「計画」のほうで見るべきは、いわゆる「総合計画」といわれるものです。総合計画は、一般的《いっぱんてき》に「基本構想」、「基本計画」、「実施《じっし》計画」からできています。**「基本構想」でおおむね10年間のまちづくりの方向性を示し、「基本計画」、「実施《じっし》計画」で、その具体的な事案やプロセスを明示する仕組みです。**

これを見ると、どのようなビジョンをもってまちづくりを進めているかが見えてきます。また、実施《じっし》計画に照らして、「なるほど、だからこの事業が新たに今年から始まるのか」

などということがわかってきます。行政は、やみくもに行われているわけではありません。自分の住む市や県がどんな計画をもっているのかを知ることは、市政を見ていくうえで重要です。「計画」といっても、多くの自治体では、概要版《がいようばん》がイラスト付きでわかりやすくまとめられています。もちろん、ホームページからの閲覧《えつらん》もたいていは可能です。

「予算書」のほうは、市長の考えを見るうえで役に立ちます。「総合計画」の場合は、長い市政のなかでつくられてきており、必ずしも現市長の意向通りとはなっていないこともありますが、年度ごとに成立させていく予算には、現市長の方向性が反映されます。実際、政治のなかでは、「予算は市長の顔」という言葉もあるほどです。

とはいえ、分厚い冊子に事業名と金額だけがずらりと並《なら》んだ予算書を読み解くのは容易ではありません。なじみのない行政用語が頻出《ひんしゅつ》することもあり、「わけがわからん！」と放り出したくなることでしょう。

予算書を見る時は、前年比の欄《らん》に着目するのがポイントです。前年比で大幅《おおはば》に増えているもの、また減っているものがあれば、そこに、市長の何らかの意思（あるいは、そうせざるを得なかったまちの事情）が見えてきます。市長が代わった途端《とたん》に土木費が増えた——などの例は、各地で見られることです。

それともうひとつ、新規事業をチェックするのも大切です。前年の欄《らん》が0円の項目《こうもく》、自治体によっては親切に「新規」と明記していることもありますが、その項目《こうもく》の偏《かたよ》りを見れば、市長がどういうことをしたいのかがわかってきます。施設《しせつ》を新設する場合なども、「〇〇検討会の設置費」とか「〇〇コンサルタント料」などで記載《きさい》されるので、「こういう施設《しせつ》をつくろうとしているな」と気付けます。パラパラとめくるだけでも、感じ取れるものはあるはずです。市役所や図書館に行く機会があれば、ほんの少し時間をつくって、ぜひ手に取ってみてください。

地方議会を見る時のポイント

今、まちのなかで何が問題になっているのか、どんなことで意見が割れているのか――それを知るには、やはり、議会を見るのが最適です。この先、まちをどうしていくかを話し合う場が議会ですから、当然、議会では決断すべきものが議論されています。

議会を見る時のポイントとしては、議員の質問に着目するという方法があります。議会では、会派の代表が質問する「代表質問」と、議員一人ひとりが質問する「一般《いっぱん》質問」とがあります。この質問項目《こうもく》は事前に公表されることも多いですから、気になるテーマがあれば、その場面だけ傍聴《ぼうちょう》するとよいでしょう。質問項目《こうもく》は、町によってはホームページで随時《ずいじ》公開しています。

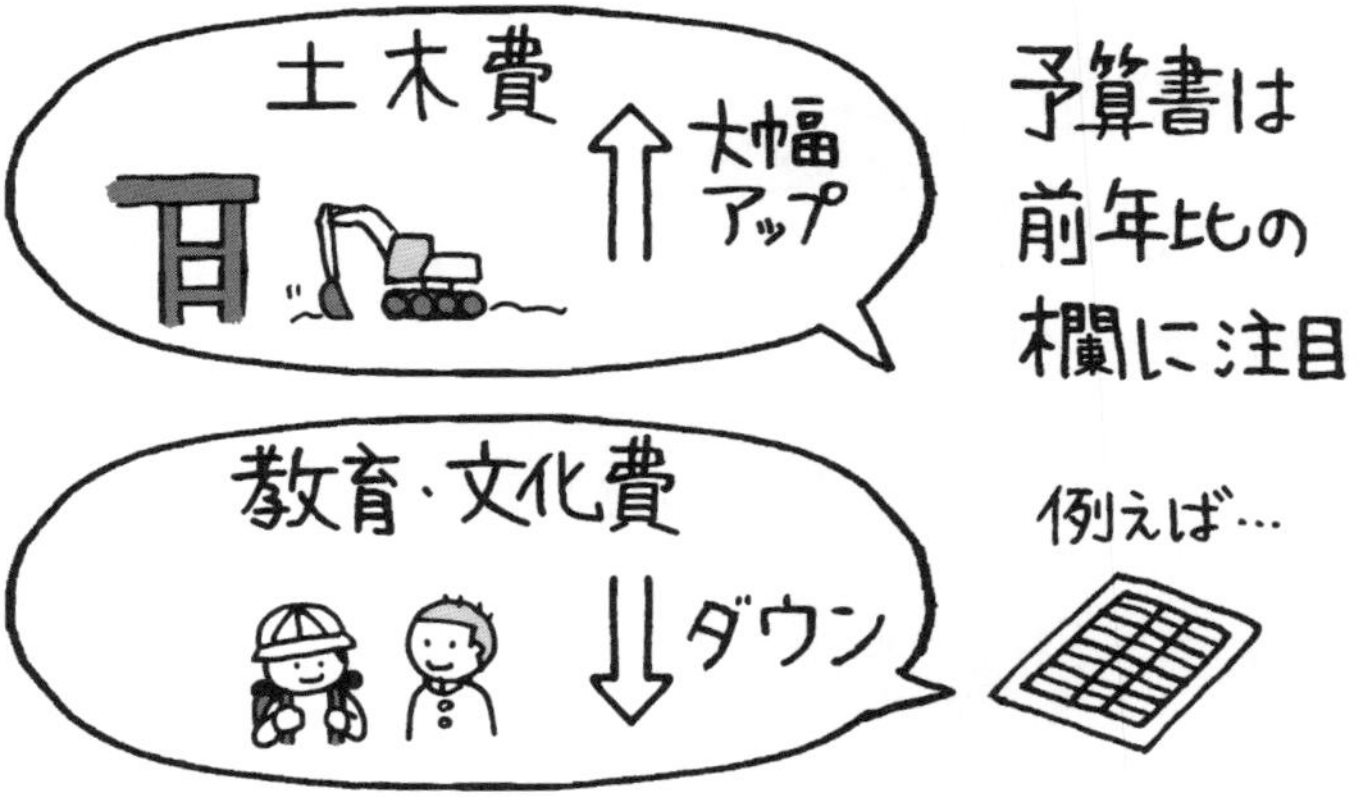

「質問」は、「行政」の代表である市長や幹部職員に対して行われます。行政側から出された提案に対し、「なぜこのような方式にしたのか？」、「ここは直すべきではないか？」などの質問をぶつけていくのです。それによって、行政の意図を確認したり、問題点を明らかにしていくのです。

この質疑応答は、国会でも同様に行われています。みなさんがテレビ報道などでよく見る国会の場面がそれです。

なお、平日開催《かいさい》の市議会を傍聴《ぼうちょう》するのはなかなか難しいことですが、現在では多くのまちが、インターネットを利用して、その中継《ちゅうけい》や録画放映を行っているので、手軽に見られます。

また、特に急いでいるわけでないのなら、

議事録も便利です。文字が多く、読むには慣れが必要ですが、ホームページで公開されている議事録などは、キーワードから答弁を検索《けんさく》していくことも可能です。「問題になっていたあの件はどうなっただろう?」などと、気になるトピックについて知りたい時には、非常に便利です。

こうした議員の発言に着目するやり方がある一方で、もうひとつおもしろいのは、**市民からの請願《せいがん》・陳情《ちんじょう》です。「これを何とかしてほしい」、「このことで困っている」などと市民自ら声を上げ、議会の後押《あとお》しを得ようというものですが、請願《せいがん》・陳情《ちんじょう》は自発的な訴《うった》えということもあり、要望が切実なケースが多いです。**また、「〇〇小学校の耐震性《たいしんせい》を高めてほしい」、「〇〇地区が冠水《かんすい》しやすく困っている」など、ごく限られた地域の問題のこともあり、「へぇ、こんなことが問題になっているんだ」と発見することも多いです。

請願《せいがん》・陳情《ちんじょう》では、市民から正反対の要望が出されることもあります。「駅前開発を急いでほしい」、「駅前開発はやめるべきだ」といった具合です。そうした対立がある場合は、市民の注目度も高く、議論も活発化しがちです。そうした議論を通して、議員一人ひとりの考え方が見えてくることも多いです。

そうした議員の意見や採決での挙手については、後で議事録でさかのぼることができます。町によっては、請願《せいがん》・陳情《ちんじょう》の一つひとつについて、各議員がどのような意思表示をしたのかを一覧でまとめているところもあります。そうした情報は、つぎの選挙の時に多いに参考になるはずです。

もしあなたの自治体の議事録やホームページでその賛否の詳細《しょうさい》が示されていないなら、自分なりに「これは重要」と思う議案をピックアップし、その賛否の内訳について議会事務局に尋《たず》ねてみるとよいでしょう。議会事務局は、電話口でも、ていねいに教えてくれるはずです。

地域の市民運動を知っておこう

一人の市民として、ふだんの生活のなかでアンテナを張っておくことも大切です。町中の掲示板《けいじばん》に「集会のお知らせ」や署名の呼びかけなどが貼り出されているのに気づいたことはありませんか？

まちのなかには、市民運動を続けている人が少なからずいます。そういう運動に注意していくと、今何が町で起こっているのかが見えてきます。

よくこういう市民に対して、「プロ市民」などと揶揄《やゆ》したり、距離《きょり》をおこうとする人がいますが、**多くの人たちは、主権者《しゅけんしゃ》として正当に声を上げているに過ぎません。**たとえば、ここ数年問題となり続けている保育所の待機児童問題などでは、今まで市民運動などとはまったく無縁《むえん》だった保護者たちが、保育の充実《じゅうじつ》を求めてまちに働きかけています。近隣《きんりん》の樹林が伐採《ばっさい》されると聞き、「緑を残してほしい」と声を上げる人たち、市民会館の縮小計画に対して「市民の集いの場を今のままで残してほしい」と訴《うった》える人たち……。それらは当事者としての活動です。色眼鏡《いろめがね》で見ず、そこにどんな事情があるのかに、まずは興味をもっていってほしいと思います。

こうした運動を知るには、公民館や地区会館が便利です。ずらりと並《なら》んだイベントのチラシのなかに、こうした運動のＰＲもあるはずです。興味をもったなら、実際の集会を覗《のぞ》いてみるのもよいでしょう。

□地方行政を知るにはメディア頼《だよ》りではダメ。自分で知る努力を
□予算書・計画書など、地方行政を知る手がかりはたくさんある
□地方行政の情報は、家にいながらネットでアクセスできるものも多い

国の政治的課題とは

税の値上げ、憲法改正、原発、国をとりまくさまざまな問題

国政についても、少しチェックしてみましょう。

国の政治動向は大手メディア（テレビ・ラジオ、新聞など）で連日盛《さか》んに取り上げられているので、ここであらためて解説することはありませんが、いくつかのテーマは国政の選挙に向き合う時に重視せざるを得ないものです。そのいくつかを取り上げてみます。

国民年金、社会保障の問題

政治家にとって扱《あつか》いにくいテーマのひとつが、社会保障です。

社会保障とは、万一何かあった時に生活を支えてくれる仕組みのことです。日本の場合、65歳《さい》以上の老後の生活費を保障する国民年金や、病気やケガの時の医療費《いりょうひ》を補助する公的医療《いりょう》保険（国民健康保険《ほけん》、社会保険《ほけん》など）は、全員が加入する「皆保険制度《かいほけん》」となっ

ています。

これらの制度において、日本はこれまで、少ない負担で手厚いサービスを受けられる「低負担・高福祉《こうふくし》」を続けてきました。みなさんも、たとえば75歳《さい》以上の高齢者《こうれいしゃ》の医療費《いりょうひ》自己負担は1割（一部例外）などと聞いたことがあるでしょう。

しかし、人口構成が変わり、同じシステムでは立ちゆかなくなってきています。

この先も制度を維持《いじ》し、安心して老後を迎《むか》えられる社会をつくるには、特に年金制度などは、支給年齢《ねんれい》を上げる、支給額を減らす、保険料を増やす、などの変更《へんこう》が急務です。

ところが、それらは国民に負担を強いる政策となるため、政治家にとっては扱《あつか》いの難しいテーマです。下手な打ち出し方をすると、政治生命に響《ひび》きかねません。かといって、着手しないでいれば、さらに財政状況《じょうきょう》が悪化し、制度そのものが破綻《はたん》する恐れも出てきます。

「そうはいっても政権はこの問題を慎重《しんちょう》に進めているよ」と評価するなら政権維持《いじ》を、「手ぬるい！　もっと改革しなければ！」などと思うなら政権交代を――というのが、選挙においての有権者の基本的なスタンスとなるでしょう。

税の問題、消費税の値上げなど

税もわかりやすい課題です。たとえば消費税で見てみましょう。日本で消費税がはじめて導入されたのは１９８９年。最初は３％でした。以降、１９９７年に５％、２０１４年に８％に増税されました。本書執筆《しっぴつ》時点の２０１７年現在では、２０１９年10月から10％に切り上げる予定になっています。

政府が増税を進める理由は単純です。財政悪化です。現在、日本の借金は約１０００兆円ともいわれています。この状況《じょうきょう》を少しでも改善していくには、税収を増やし、支出を減らしていくよりほかありません。

そうしたなかで、消費税も増税の一手段となっているのですが、買い物をするたびに適用率分をその場で払《はら》わないといけない消費税は、貧富を問わずに一律でかかる不平等な税とも指摘《してき》されます。**10億円の資産がある人が1万円の買い物をした時にかかる８００円の消費税（8%計算）と、10万円の貯金しかない人にとっての８００円では、重みが違《ちが》うという考え方です。**

そうしたことから、「消費税を上げるにしても、誰《だれ》もが必要とする食品や日用品は適用免除《めんじょ》とするべきだ」などの意見もあります。また、「そもそも消費税よりも、所得税を上げるべきだ」とか「儲《もう》かっている企業《きぎょう》がもっと税負担するべきだ」など、さまざまな意見が出ています。

消費税については、単純なイエス・ノーではなく、ほかの税金などもチェックしながら、どういう税負担のあり方が望ましいのか、自分と考えの近い候補者を探していくのがよいでしょう。

憲法改正、安全保障の問題

憲法改正、安全保障の問題は、長く日本の主要政治課題となっています。広く深いテーマですが、とりわけ懸案事項《けんあんじこう》となっているのが、憲法第9条です。日本国憲法第9条の第2項では「陸海空軍その他の戦力は、これを保持しない。国の交戦権は、これを認めない」と規定しています。しかしこれに対して、「独立した国家として無防備すぎる」「自衛隊があり、現実と矛盾《むじゅん》している」などの意見が出ています。

そうした声に推されて、憲法改正の機運が高まっていますが、一方では、「ひとたび戦争のできる国になれば、再び戦争に突《つ》き進《すす》んでしまう」などと危惧《きぐ》する声も上がっています。憲法改正については、「とりあえずできる条項から変えていこう」という動きもありますが、有権者としては、目先の動向にとらわれず、「憲法第9条を変えるか、護持するか」を真剣《しんけん》に考えて投票していくことが大切です。

また、この憲法問題は、安全保障問題にも結びついています。日本は軍隊をもたないため（自衛隊をどう考えるかという問題はひとまずおきます）、国の安全を守るために、アメリカの力を頼《たよ》らざるを得ないのです。**その時、奇妙《きみょう》な構図なのですが、世界唯一《ゆいいつ》の被爆国《ひばくこく》であり、「核兵器《かくへいき》を持たず、作らず、持ち込ませず」の「非核《ひかく》三原則」をもつ日本が、世界最大の軍事力をもつアメリカの「核《かく》の傘《かさ》」に守られることになります。**また、アメリカ軍の日本駐留《ちゅうりゅう》を必要とし、結果として、年間2000億円前後もの多額の駐留《ちゅうりゅう》経費を負担しています。この経費のことを「思いやり予算」といいます。

アメリカ軍駐留《ちゅうりゅう》は、いわゆる「基地問題」も生み出しています。象徴的《しょうちょうてき》なのが沖縄《おきなわ》県の基地問題で、住宅地と基地が近接しているため、住民たちは軍用機の騒音《そうおん》に悩《なや》まされたり、安全上の不安にさらされています。

そうした事態をどう考えるかは、日本人にとって大きな課題です。現状を変えたいと思えば政権交代を望むべきでしょうが、ただやみくもに「基地は縮小すべき」などという主張では心もとない状態です。その先にどのような安全保障の政策を考えているかが重要です。

原発再稼動《さいかどう》の問題

2011年3月11日に東日本大震災《ひがしにほんだいしんさい》が発生し、東京電力《とうきょうでんりょく》の福島第一原子力発電所《ふくしまだいいちげんしりょくはつでんしょ》がメルトダウン事故を起こしました。生命体に悪影響《あくえいきょう》を及《およ》ぼす放射性物質が拡散する事故で、現場となった福島県双葉《ふたば》郡大熊《おおくま》町・双葉町などは居住が制限される事態になっています。その大事故を受け、国内では、「原子力発電をやめよう」という声が高まり、一時的には、点検などにより、全国の原子力発電所が稼動《かどう》を停止しました。

しかしその事態に対し、「電力の安定供給のためには原発が必要だ」などの反論があがり、一部で再稼動《さいかどう》も始まっています。

この問題は、エネルギー問題、経済問題であるのと同時に、私たちの人生観やライフスタイルにもかかわってくる大きなテーマです。「効率のよいエネルギーで経済成長を推し進めるべきだ」という意見の一方で、「リスクを負ってまで経済成長をめざす必要はない」という主張も聞かれます。「福島の事故は1000年に一度という大地震《おおじしん》・大津波《おおつなみ》によるもの。安全性に問題はない」という見方もあれば、「人為的《じんいてき》ミスやテロの恐《おそ》れもある。絶対安全ということはないのだから、代替《だいたい》エネルギーを模索《もさく》すべき」という意見も出ています。

「原発＝危ない。だからやめよう」とつい反射的に考えがちですが、「では、電力不足の不安をどうするべきか」、「廃炉《はいろ》にする道筋は?」など、その後のことも想像していくことが大切です。いろいろな意見に耳を傾《かたむ》け、「現実的にどうするのがよいか」を考えて投票していくことが求められます。

経済政策は妥当《だとう》か

経済政策も、私たちの生活・将来にダイレクトに影響《えいきょう》するものです。

1990年代前半にバブルが弾《はじ》けて以降、日本経済は長い低迷の時代を送ってきました。現在では人口減少社会となり、さらに厳しい経済状況《じょうきょう》を迎《むか》えています。

物が行《い》き渡《わた》り、人口も減少していくなか、さらなる経済成長をめざすには、世界を市場としていくしかありません。そこで政府は、他国との経済連携《れんけい》を築いたり、観光立国を標《ひょう》榜《ぼう》して観光客を増やすなど、さまざまな取り組みを行っています。東京《とうきょう》都のオリンピック開催《かいさい》も、その一環《いっかん》といえるでしょう。

実際、経済政策にはさまざまな方法があります。公共工事を増やす、規制を緩和《かんわ》して民間の動きを活発化する、国民にお金を給付する、などです。

有権者は、そうした経済政策のなかから、どのようなやり方なら有効かを判断していくことが大切です。昨今の傾向《けいこう》で注意すべきことは、**「経済成長＝金融《きんゆう》の好調」と報道されがちなところです。株価などが過剰《かじょう》に評価され、株が上がっているから経済状況《じょうきょう》はよい、とみなされる場合がありますが、それでは短期的な視点になりがちです。また、金融《きんゆう》資産をもたない人には、実感の伴わない好景気ということになります。**メディアの評価ではなく、あなた自身にとって今の経済政策がどうなのか、その視点で投票先を選ぶとよいでしょう。

経済格差の問題

今、経済格差の広がりも大きな課題となっています。

経済格差とは、所得や資産の差のこと。端的《たんてき》にいえば、貧富の差です。

国内の経済が低迷するなか、企業《きぎょう》は安く働いてくれる人を求めがちです。その結果、正社員になれず、派遣《はけん》や短期雇用《こよう》など、不安定な働き方をする人が多くなりました。そういう人たちは収入も不安定でかつ低賃金ですから、ぎりぎりの生活を強いられることになります。一生懸命《いっしょうけんめい》働いているのに、一向に生活がよくならないのです。

正社員の人たちも一部の大企業《だいきぎょう》を除いて、給料はほとんど上がらない状況《じょうきょう》になっています。一方で、人手を減らす傾向《けいこう》にあるので、仕事量は増え、過剰《かじょう》労働に悩《なや》まされています。

このような「働いても収入が上がらない」という状況《じょうきょう》に加え、ここまで見てきたような社会問題から、税金をはじめ、人びとの費用負担は増えています。

こうした人びとが多数いるなかで、ごく一部では、巨万《きょまん》の利益を築いている人もいます。彼らは、経済的余裕《よゆう》があるため、子どもの教育にも力を入れます。習いごとをたくさんさせたり、指導の手厚い私立学校に通わせたりするのです。

一方でほとんどの人たちは、子どもの教育にお金をかけるといっても、限界があります。なかには、不安定就業などで、子どもの教材すら十分にそろえられない人も出ています。２０１２年のデータで、子どもの６人に１人が貧困状態となっています。

このような「教育の格差」は、その子たちが成長した後の就業状況《じょうきょう》にも影響《えいきょう》します。当然ながら、高度な教育を受けた人は有力な企業《きぎょう》などに就職しやすく、十分な教育機会に恵《めぐ》まれなかった人は、正社員になることすら難しくなります。

つまり、親の経済的な格差が子どもに引《ひ》き継《つ》がれてしまうのです。

この問題を解決するには、就業・労働の問題、経済問題、ジェンダー（社会的性差）問題、セーフティーネットの問題、税と分配の問題など、非常に幅広《はばひろ》い分野にわたる改革が必要となってきます。どのような道筋ならこれが解決できるのか、多くの候補者の主張を聞き、冷静に判断していくことが必要です。

□政治課題は複雑に絡《から》み合《あ》っている。総合的に考えることが大事
□どんな社会をめざすか、を自分なりにイメージしてみる
□思《おも》い込《こ》みを捨てて、さまざまな候補者の主張を聞いて判断しよう

インタビュー　議員はどんな仕事をしているか

市民の声を届けるのが私の役割

近《こん》藤《どう》美《み》保《ほ》さん　千《ち》葉《ば》県流山《ながれやま》市議会議員

議員はふだん、どんな仕事をしているのでしょうか？「誰《だれ》が議員になっても同じ」と投票を棄権《きけん》する人がいますが、実はその意見の根底には、「議員がどんな役割を果たしているのかよくわからない」という思いがあります。そこで、議員の役割や業務について、一念発起して市議会議員になり1年半という千葉県流山市の近藤美保議員にうかがいました。近藤さんは、議員の活動で政治が変わる実際を語ってくれました。

著者撮影

東京都立大学大学院建築学卒業後、IT エンジニアリングコンサルタント会社を経て、2015年、40歳で千葉県流山市議会議員に当選。政党無所属。教育福祉委員会、議会広報広聴特別委員会に所属。２人から始まった選挙活動は、「マニフェスト大賞」（実行委員会主催、毎日新聞社ほか共催）の優秀賞を獲得している（＝団体名「Mama's 選挙ラボ」）

原発事故をきっかけに立候補

——ご出身は茨城《いばらき》県ですね。流山市にはどんなご縁で？

近藤（以下略）「大学進学のため上京し、その後は、システムエンジニアとしてIT関係の会社に就職し、東京都内で暮《く》らしていました。流山市に転居したのは、最初の子の出産がきっかけです。保育所に子どもを預けられないという『待機児童』の問題に直面し、都内よりも待機児童が少なく、子育てしやすいところに移りたい、と移住を決断したのです。流山市を選んだ理由としては、全国に先駆《さきが》けて行っていた『送迎《そうげい》ステーション』の存在が大きいです。駅に子どもを連れていけば、そこから各保育所に送り届けてくれるという事業で、電車で通勤する母たちにとっては非常に魅力《みりょく》的でした。流山市は『母になるなら、流山市。』というキャッチコピーで、共働き子育て世帯の誘致《ゆうち》に力を入れており、『送迎《そうげい》ステーション』はその目玉事業のひとつです」

——では、しばらくは都内に通勤を？

「そうです。仕事が大好きで、『いずれは役員になるぞ！』と夢《ゆめ》をもっていました。辞めるという選択肢《せんたくし》はなかったです」

——それが、なぜ議員に？

「3・11東日本大震災です。流山市は福島第一原子力発電所から約200キロ離《はな》れているのですが、原発事故の後に雨が降った関係で、放射性物質が約200キロ離れた流山市に降るという、いわゆるホットスポットになってしまったのです。

今考えれば、それが健康被害《ひがい》をもたらすレ

ベルだったのか疑わしいところもありますが、当時、情報も少なかったので、住民には不安が広がっていました。

ところが市は、『そんなのはデマだ』と言い張るのです。住民誘致《ゆうち》を政策として続けてきた市ですから、移住にマイナスになる情報を簡単に認めるわけにはいかなかったのでしょう。でも、それって違《ちが》いますよね。私はエンジニアですから、安心かどうかの議論の前に、まず実情はどうなのかを調べるべきというのが強くありました。計測もしないで、『大丈夫《だいじょうぶ》だ』と言い張ることは許せなかったのです。

それで、『調査すべきだ』というアクションを住民とともに起こしました。その結果、陳情《ちんじょう》などには全議員が賛同してくれ、最終的には、国よりも厳しい基準で除染をしてくださることになりました」

――ただ、その運動が成果を得たなら、そこで終了《しゅうりょう》することもできたはずです。議員になってさらに市政とかかわろうと思ったのは、なぜでしょう？

「私の場合は、母になったというのが非常に大きかったです。3・11の時もそうですが、何かを主張しようと思うと、こちらも勉強しないといけないじゃないですか。そうすると、社会福祉《ふくし》や税のこと、市の財政のことなどがわかってきます。すると、『あれ、私たちはもっと市に対して声を上げないといけないんじゃないかな？』と認識が変わっていったんです。

子育てや家事、介護《かいご》など最前線でがんばっているお母さん方は、本当は地域のこと、福《ふく》祉《し》のことを誰《だれ》よりも知っているはずなんですが、その声は市に届いていないんですね。市の審議会《しんぎかい》にしても、自治会の役員会やマンションの管理組合の会合にしても、意思決定をする場にお母さん方がいないからです。でも、みんな参加できないいんですよ。子育てや家庭をおろそかにできませんから。

だから、お母さんたちの声を社会的価値として掘《ほ》り起《お》こし、仕組みづくりに活かしていくことが必要だと考えました。

もっとも、仕事が好きだったので議員になるのは、とても悩《なや》みましたが」

選挙運動はどんなものだったか？

――基盤《きばん》のないなかでの立候補は大きなチャレンジです。選挙運動などはどのようになさったのですか。

「まったくわからないなかでスタートしました。ただ、3・11の時に、数人から始まった活動が一気に大きくなり市を動かした経験があったので、『まっとうなことを主張して、まっとうなやり方をすれば、ちゃんと評価されるはず』という確信はありました。

運動のポリシーは、『ママの声を届ける、それだけで変わる。パパが関心をもつ、一気に進む。子どもにやさしい地域は、みんなにやさしい』です。それを、『どうせやるなら楽しく』をモットーに一生懸命訴《けんめいうった》えました。

最初は友人と2人で始めた選挙運動でしたが、どんどん輪が広がり、最終的には、私が何もしなくていいような状態にまでなりました。4月の選挙だったので、長女の小学校入学式と時期が重なっていたのですが、それを口にしたら、『それは出席しなきゃダメだよ！』とみんなが後押《あとお》ししてくれて。で、私が入学式に出席しているあいだは、みんなが運動を続けてくれたんです。

体調を崩《くず》して駅に立てない日もあったのですが、私の代わりにお母さんたちが駅で演説してくれていたこともありました。

みんな演説も上手《じょうず》でした。最初はもじもじしていた方も話しはじめると止まらなくなって。でも最後はみんな演説が上手になってびっくりしました。きっと訴《うった》える機会がなかっただけなのだと思います。やっぱり政治はリーダーシップよりボトムアップであるべきだと確信した体験でもありました」

――その結果、28人の定数のところ、2045票を獲得《かくとく》し、9番目の得票数で当選されました。1年半ほど経ちますが、議員の仕事はいかがですか。

「正直、新人ということで、もっと苦労すると覚悟《かくご》していたのですが、自由に発言させてもらい、自分らしく活動できています。そこはもしかしたら、流山市議会のふところの深さなのかもしれません」

――意見が通る実感はありますか?

「すごくあります。そこは先ほどの話の通りで、『ママの声を届ける、それだけで変わる』という理想そのものです。

まだ1年半なので、政策や事業として目に見える形で実現したものは多くないですが、それでも、たとえば『子育て支援員《しえんいん》の研修制度』や『ファミリー・サポート・センターの拡充《かくじゅう》』、『学校の校務支援《しえん》システム導入』など、ほかの議員にも賛同を得ながら訴《うった》え、実現したものがいくつもあります。今検討中のものもたくさんあり、これからどんどん変わっていく予感です」

議員はどんな仕事をしているのか?

――議員の仕事については、市民には見えていないものもあると思います。どんな仕事をしているのか、教えてください。

「議会中は、予算の審議《しんぎ》や、特定の事業に対して適正な支出かどうかなどを議決しています。また、市政全般《ぜんぱん》に対して、これはどうなっているのかと尋《たず》ねる一般《いっぱん》質問などを行います。

ただ、一般《いっぱん》質問などは、その前段階の下調べが重要なんです。休会中にひたすらデータ整理や調査をし、課題の抽出《ちゅうしゅつ》や政策提言の準備をします。民間企業《きぎょう》が、効果的なプレゼンをするために念入りに準備しているのと同じです。準備がやはり大事です。

また、休会中は、ほかの自治体の事例が参考になるので、その自治体の議員とコンタクトをとったり、場合によっては現場を見に行ったりします。

私のほうから市民に意見を求めることも多いです。こうした政策が必要かな、と思った時に、メーリングリストなどで意見を募《つの》ります。

行政の担当職員と議論することも多いです。これはすごく大事なことで、日頃《ひごろ》聞いている市民の声をもとに、市の事業に対し、『それはこうしたほうがよい』『それは違《ちが》うんじゃない?』というのをぶつけていくのです。こういった日々の積み重ねや市民の声をこまめに届けることが、行政の事業改善や市民の要望に即した政策立案につながります。行政の仕事は多岐《たき》にわたるのですべてにかかわっていくのは難しいですが、私としては、『近藤さんはスペシャリストだね』と言われるくらいにならないといけないと思っています。

それ以外の業務では、陳情《ちんじょう》対応がありますね。『保育園に子どもを預けているのだけど、園の対応に疑問をもっている』とか『DV（ドメスティック・バイオレンス）で悩《なや》んでいる』とか。手一杯《ていっぱい》になるくらい相談が来ます。

議員というのは、縦割り・分担がはっきりしている行政と違《ちが》って、住民から相談がくればある程度ワンストップで引き受けられないといけないんです。民間でいうと、新規営業から納品まで全部やるイメージです。そのためには勉強もしなければなりません。休みなどはほとんどとれないほど忙《いそが》しいですが、やりがいはあります」

通らない主張もある。その時は

——そういうなかで、やはり、努力しても通らない主張もあるわけですよね？　支持してくれた市民にはどう説明するのですか。

「そんな難しい話ではないと思います。そもそも、自分の意見が１００％通るなんていうのは、おこがましい話ですよね。自分が正しいと思うことを主張して、時には議論を戦わせたり、知恵を出し合ったりして合意点を見つけてやっていくしかない。

議案を審議《しんぎ》する時などは、ほかの議員と意見が衝突することもありますが、感情的にならないように気をつけています。各議員の陰《かげ》にはそれぞれ支持する市民がいて、それぞれの立場から思想や意図などを主張しているわけです。ですから、『そういう考え方をする市民もいるんだな』と尊重する姿勢が大切です。

私は、応援《おうえん》いただいた方々の声をいちばんに配慮《はいりょ》しながらも『リアル子育て世代』、『民間会社員出身』という自分のバックボーンをはっきりさせています。それを基軸《きじく》に主張をし、結果、通らなかったものについては、『こういう経緯《けいい》で、通りませんでした』と市民に説明していくようにしています。もちろん、なかには通るまでに時間のかかるものもあり、あきらめないことも重要です」

政治に対する無関心について

――選挙についてお尋《たず》ねします。近藤議員が当選された２０１５年４月の選挙では、市長選挙と市議会議員選挙のダブル選挙でしたが、投票率は約47%と50%を切っています。政治に関心をもたない人の多さを反映しているように思いますが、どうお考えですか。

「投票率は、立候補した時には重要視しており、それを上げることを目標にも掲《かか》げていました。しかし最近は『重要な評価指標ではないな』と思うようになっています。

というのも、政治って、政治家でもなければ、ずっとウオッチするのは大変なことなんです。

人にはさまざまなライフスタイル、ライフステージがあります。政治をウオッチする余《よ》裕《ゆう》なんてない場合もあると思うんです。たとえば、離婚《りこん》したばかりで生活に余裕のない方に、ちゃんと情報収集して投票しろというのは酷《こく》かもしれません。

それよりも、一人でも多くの人が政治は身近なものなんだと実感し、声を届けようと思っていくことのほうが重要だと思っています。今ではそれが私の活動の評価軸《じく》になっています」

――有権者の声として、「投票したい政治家や政党がない」というものがありますが。

「それは、知らないだけだと思います。おもしろさに出合っていないんですね、たぶん。『政治家』とみなさん他人ごとのように言いますが、実は、全員が『政治家』なんですよ。だって、話し合って意思決定をすることって、政治ですから。

　小学生にＡとＢのグループがあって、限られた校庭をどう使うか話し合うことになったとしたら、これは立派な政治ですよ。こういうことは、日頃《ひごろ》みなさんが経験していることではないですか。

　そういう時に、それぞれの意見を踏《ふ》まえて別の案を出したりとか、とことん話し合ったりするというのは、とても視野が広がるしおもしろいことです。それは、かかわってみればわかることですよ」

――誰《だれ》が議員になっても同じ、という声もあります。

「期待しないということなんでしょうが、それは、『どうでもいい』ということと同じですよね。でも、それでいいのでしょうか。

　流山市の４年間の予算を市民一人あたりで考えれば、一票あたり１５０万円くらいの価値があることになります。それを『どうでもいい』とすれば、１５０万円分の意思表示を放棄《ほうき》することになります。その結果は自分が暮らす環境《かんきょう》に直結します。

　議員に限りませんが、関心が低く一生懸《いっしょうけん》命《めい》がんばっても評価されなければ、あらぬ方向にいってしまいかねません。議員は住民の代表ですから、『住民と共にある』というのが理想です。

選挙とか議会制民主主義って、先人ががんばって考えてきた仕組みなんですよね。だから、そこはしっかり活用していったほうがいい。主権者教育がもっと必要なのかもしれません」

――若い読者に向けて、こう投票したらいいよ、というアドバイスはありますか。

「ぜひ、議員に会いにいったらいいと思います。選挙直前でなく、就任《しゅうにん》して2年目、3年目の年に行くと、純粋《じゅんすい》に政策的な話が聞けるはずです。軽い気持ちでいいんです。『政治のことを知りたい』などと言ったら、どの議員も喜ぶはずですよ」

Column

一票の格差

「一票の格差」あるいは「一票の不平等」という言葉を聞いたことがあるはずです。

選挙の大原則には「平等」があり、一人に与《あた》えられる一票の価値は同等でなければなりません。ところが現実には、国政選挙の場合、地域によって一票の価値に違《ちが》いが生じています。

これは、選挙区の割り方と人口の関係から生じてしまう事態なのですが、微差《びさ》ならまだしも、現状では、衆議院議員選挙で2倍、参議院議員選挙で3倍以上の差が生まれています。

具体例でみてみましょう。2016年7月の参議院議員選挙の例です。このとき、埼玉《さいたま》県では議員が当選するのに101万4713票以上が必要でした。これに対して、福井《ふくい》県では、32万9506票の獲得で当選できています。つまり、一人の議員を当選させるのに、埼玉県では福井県の3倍を要したという結果になっています。埼玉県の有権者の一票の価値は、福井県のそれの3分の1だったわけです。

このような選挙には正当性がないとして、全国で選挙の無効を求める裁判が起されています。また、裁判所もこれまで数度にわたり、「違憲《いけん》状態」という判決を出しています。しかしなかなか改善しません。その改正には議席数を減らすなどの選挙制度の変更《へんこう》が必要なため、国会議員が消極的でいることなどが理由に上げられます。

ところで、一票の格差については、「地域間」だけでなく、「世代間」も指摘《してき》されます。現在の日本では高齢者《こうれいしゃ》のほうが若者よりも多いため、仮に全員が投票すると、高齢者《こうれいしゃ》の意思が優先される結果になってしまうのです。このことは、政策が高齢者《こうれいしゃ》寄りになる一因になっているとも指摘《してき》されます。

このように、単純に「一人一票」といっても、その平等性を担保するのは実は容易ではないのです。より平等になる選挙制度が求められます。

3章

そもそも民主主義とは何だろう？政治とは何だろう？

今の日本の政治制度や仕組みについて

一人ひとりが主権者
政党を基盤にした政治

本書ではここまで、選挙の実情やどう選挙に向き合うべきかをテーマにしてきました。ここでは少し立ち止まって、「そもそも民主主義とは何だろう?」、「政治って何だろう?」という視点から、その基礎《きそ》を確認していきます。それらを知ることで、なぜ選挙が必要なのか、その意義がわかってくるはずです。

以下では、ごく基礎的《きそてき》な、「最低限、これだけは知っておいてほしい」ということをまとめました。少し教科書的にはなりますが、ぜひページをめくってみてください。

民主主義とは何だろう

そもそも、「民主主義」とは、何なのでしょうか。

枠組《わくぐ》みからいえば、それは、政治システムのひとつです。

では、どのようなシステムなのでしょうか。**ひと言でいえば、「人びと（国民・市民）に意思決定の権限がある」という政治システムです。**

「民主主義」は、古代ギリシアで始まったといわれています。その後、中世のヨーロッパで「自由」「平等」という思想が確立し、人びとから選ばれた代表者が話し合って政治を進めていく「議会制民主主義」が発展していきました。

現代ではほとんどの国家が民主主義で成り立っています。ただ、世界にはそうでない国もあります。独裁が続く北朝鮮《きたちょうせん》などです。そういう国家では、特定の人物に権力が集中し、権力者の意向で物事が決められていきます。国民は、権力者に自分の運命・将来を委ねることになります。権力者しだいで、よい社会にも暮《く》らしにくい社会にもなりうるのです。

これに対して、「民主主義」の国の場合、自分たちの将来や社会を国民自身が選んでいくことができます。**自由ではありますが、同時に、自分たちの選択《せんたく》を自分たち自身で引き受けなければならない責任があります。良い社会も悪い社会も、人びとの選択《せんたく》しだいです。**

日本の民主制の始まり

日本で「民主制」が始まったのは、明治時代になってからです。1885（明治18）年に、行政における担当や責任所在をはっきりさせる内閣制が発足。初代の内閣総理大臣には、伊藤博文《いとうひろぶみ》が就任しました。その５年後の１８９０年（明治23年）には、大日本帝国《ていこく》憲法が施行《しこう》され、議会（帝国《ていこく》議会）も開催《かいさい》されます。この議会開設に伴い、議員を選ぶ選挙も日本ではじめて行われています。

選挙においては、はじめは25歳《さい》以上の男性で15円（今の50～70万円程度と換算《かんさん》できます）以上の納税者のみが選挙権をもつという制限されたものでしたが、だんだんと条件が緩和《かんわ》され、１９００（明治33）年に納税10円以上、１９１９（大正８）年に３円以上となり、男性に限れば、１９２５（大正14）年に「誰《だれ》にでも平等に一票がある」という普通《ふつう》選挙が成立します（実施《じっし》は１９２８年［昭和３年］が初）。女性も参政権をもつようになるのは、１９４５（昭和20）年です。この時、選挙権年齢《ねんれい》も20歳《さい》からに引き下げられました。２０１６年にはさらに選挙権が18歳《さい》からに引き下げられ、国民の80％以上が選挙権をもつに至っています。

政党、会派とは何だろう？

政治や議会を見ていくうえでは、政党を知ることも大切です。日本では、政党の議席数を基盤《きばん》にした政党政治が行われているからです。

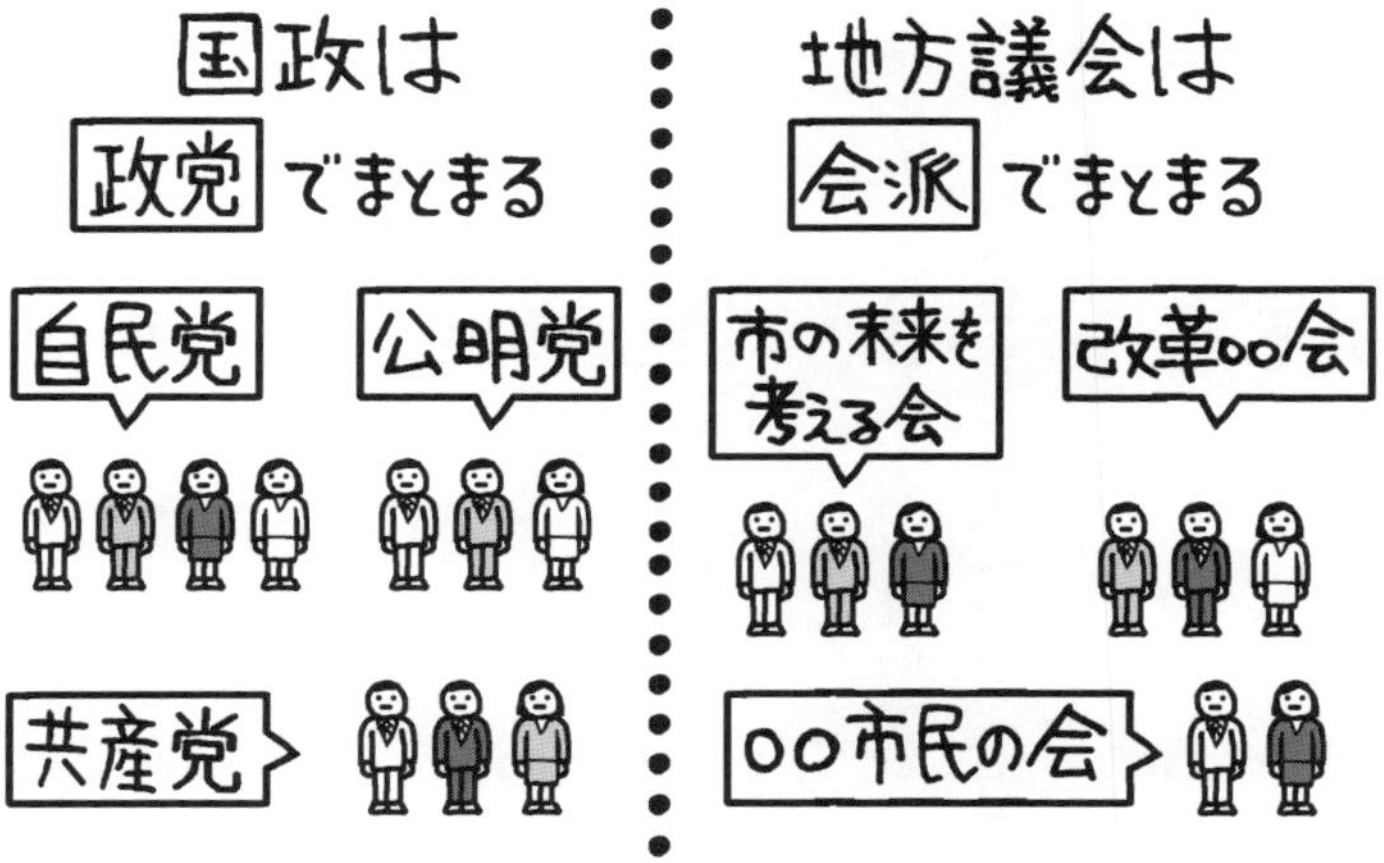

「政党」とはひと言でいえば、「特定の考えで集まった人たち」です。人びとをつなぐのは、思想の場合もありますし、単に利害関係ということもあります。いずれにせよ、共に行動すると表明しあった関係です。

議会制民主主義では「数は力」となりますから、政党をどれだけ拡大し、強固にしていけるかというのは、政治の重要なポイントです。時に政党は、政権を取るために他党と協力したり、合併《がっぺい》したりします。分裂《ぶんれつ》することもあります。どの政党に政治を任せていくかを判断するには、各党の動向を日頃《ひごろ》からチェックしておくことが大切です。

なお、**二元代表制の地方議会の場合、「会派」と呼ばれるグループで議員がまとまっています。会派も統合や分離《ぶんり》が行われており、**

その成立は各自治体でさまざまです。会派でおもしろいのは、たとえば同じ自民党議員でも別の会派に属するケースがみられることです。地方議会を見る時には、政党よりも会派に注目していくことが必要です。

政治家とは何か

「政治家」についても確認しておきましょう。

職業として広く認知されていながら、意外にその中身が知られていないのが政治家です。ここでは議員に限定して、その仕事内容を追ってみます。

まず、その仕事で重要なのは、何といっても議会です。議会は法案や事業を承認していく場です。

議会で、議員は行政側に質問をし、意見をぶつけ、採決の場では賛否の意思表示をします。また、本議会とは別に委員会活動もあり、特定の委員会に属して、より具体的で細かな議論をしていきます。

このような議会活動が、国会議員の場合は、1月から始まり約150日（約5カ月）続きます。その間で審議《しんぎ》が終わらなかった場合は延期することもでき、さらに緊急《きんきゅう》を要する時には臨時会も開かれます。

地方議会の場合は、自治体によりますが、たいていは年に4回、議会が開かれています。3・6・9・12月など、3カ月に1回議会があり、一度始まると、約1カ月続きます。地方議会でも、必要に応じて、この定例議会とは別に臨時会が開かれます。市長が交代した時や、予算が決まらなかった場合などです。

このように、1年間の多くの時間を議会に費やす政治家ですが、議会がない時も、相当にハードな日々を過ごしています。まず求められるのは、「勉強」です。課題があり、その解決のためにどうすればよいのか。それを先行例を調べたり専門家などに聞いて、学びます。テーマは多彩《たさい》です。保育、介護《かいご》、財政、経済発展、開発、環境《かんきょう》保護——。必要があれば、事例を実際に見るために、遠方まで視察に出かけることもあります。

同時に、有権者の声も聞かなければなりません。人びとの本音や要望を集めていくことが重要です。

一方で、有権者に議会の結果を報告したり、今進んでいる事業や計画案について市民に説明していくことも大切です。行政と市民の橋渡《はしわた》しをしていくわけです。

こうした活動の合間には、国会・都道府県・市区町村の垣根《かきね》を越《こ》えた交流もしていきます。国・県・市は連携《れんけい》して事業を進めていくケースが多いですから、日頃《ひごろ》から接点をもち課題を共有化していくことが求められるのです。議員同士や行政職員との折衝《せっしょう》や交流も、頻繁に行われています。

政治の周辺、役所と政治

少し視点を変えて、政治にかかわるほかの機関のことも見てみましょう。

最初にチェックしてもらいたいのは「役所」です。

役所は、ひと言でいえば、行政に伴う事務仕事を受けもつ機関です。地方の場合は、県庁・市役所などとわかりやすいですが、**国の場合は、大規模なぶん、ひとつの役所では収まりません。そのため、現在では1府13省庁に分かれてその事務を分担しています。その各省庁の本省（本庁）が国会議事堂周辺の霞ヶ関《かすみがせき》に集中していることから、省庁のことを総称して「霞ヶ関《かすみがせき》」という場合もあります。**

都道府県・市町村、国の省庁とも、その役割は同じです。政府・知事・市長の示す方向性に沿って具体的な事案を立案し、その執行《しっこう》を受けもつことです。事業や制度の執行《しっこう》までの流れを追うと、①政府・知事・市長から方針が示される→②役人（役所に勤める人びと）が事業案をつくっていく→③政府・知事・市長の確認を経たうえで、事業案として議会に提案する→④国民・市民の代表である議員が事業案をチェックし、承認する→⑤事業の実施《じっし》の確定を受けて、役人が関係機関に実行を促《うなが》していく→⑥関係機関が事業を実行する→⑦その報告を受けるなどして、役人が事業を管理する――といったものになります。こうみると、役人の存在は政治をスムーズかつ確実に進めるうえで非常に重要だとわかります。この重要な役割を担う役人を、どう活かしていけるかが、政治家の手腕《しゅわん》です。有権者としては、役人といい関係を築ける人を選んでいきたいものです。

司法と政治

意外に思うかもしれませんが、司法も政治と深くかかわっています。司法とは、単純にいえば、法律の運用によって争いごとを解決すること。要は裁判です。

政治の決定に対して納得がいかない場合、国民は、その最終判断を司法に求めることができます。「この政治判断は違法《いほう》だ」などと訴《うった》えるのです。

そうした裁判を行政訴訟《そしょう》といいます。

行政訴訟《そしょう》のなかには、国に大きな影響《えいきょう》をもたらすものもあります。ごく一例として、各地の原発訴訟《そしょう》、日の丸・君が代訴訟《そしょう》、住民基本台帳ネットワークをめぐる訴訟《そしょう》、原爆症《げんばくしょう》認定訴訟《にんていそしょう》、ハンセン病訴訟《そしょう》などがあげられます。本書との関連でいうと、一票の格差の裁判も各所で行われています。

このように政治に対して強い影響力《えいきょうりょく》をもつ司法ですから、いかに見識のある人たちが裁判官になっているといっても、その仕事ぶりをチェックしていく仕組みが必要です。そこで、最高裁判官に限ってですが、国民にはその人が最高裁判官にふさわしいかをチェックする国民審査《しんさ》の機会が与《あた》えられています。最高裁判所裁判官国民審査《しんさ》といい、衆議院議員選挙の投票とともに行われます。

なお、司法には、議会がつくった法律が適切なものかどうかを判断する機能もあります。こうした法律のチェックを、違憲審査《いけんしんさ》と呼びます。

メディアと政治

メディアと政治についてもひと言ふれておきます。

私たちが政治について知るのは、メディアを通してです。ということは、メディアが何を報じるか（また、報じないか）、どう報じるかによって、私たちの認識や考えが変わってくる可能性があるということになります。その影響力《えいきょうりょく》は甚大《じんだい》です。

不偏不党《ふへんふとう》、中立公正を前提とするメディアですが、実際には、各メディアにそれぞれ報道の傾向《けいこう》があります。政治を見ていくうえでは、複数のメディアにふれ、いろいろな見方や情報に接していくことが大切です。

また、最近では、政治家の側もメディアの影響力《えいきょうりょく》を意識し、メディア受けのよい演出をしたり、情報を出すタイミングを調整したりしています。その演出や印象に踊《おど》らされないよう注意が必要です。

戦前・戦中の日本もそうですし、ナチス・ドイツもそうですが、メディアが公正な報道をしなくなると、国民は道を誤ることになります。意義ある報道を続ける報道機関に対しては、購読《こうどく》などを通して応援《おうえん》していきたいものです。

主権者としてできること

ここまで、選挙を中心に、自分たちで政治・社会を決めていくための方法や必要性を学んできました。

ただ、民主主義の政治はそれで終わりではありません。選挙は、よりよい政治・社会をつくるための手段のひとつ。私たち主権者には、選挙以外にもできることがたくさんあります。どんな方法があるのかを少しだけ確認しておきましょう。

市民意識調査　自治体の多くは、まちづくりの方向性を決めるための参考にと、住民への意識調査を実施《じっし》しています。調査への回答は多少面倒《めんどう》ですが、まちづくり計画の参考資料に用いられるので、真剣《しんけん》にかかわっていきましょう。

パブリックコメント　パブリックコメントは、意見集約のためのわりと一般《いっぱん》的《てき》な手法です。

行政がつくった案などに、市民が意見を述べていくものです。その募集《ぼしゅう》は、市報などを通して行われます。

タウンミーティング　タウンミーティングは、市長と市民がいっしょになって自治体の課題や将来像を語り合う場です。市民にとっては、市長と直接意見を交換できるという魅《み》力《りょく》があります。また、昨今は、議会が「市民報告会」を開くケースも増えてきています。

市民活動・NPO・ボランティア　市民活動に参加するのも、政治とかかわる有効な方法です。川の清掃《せいそう》ボランティアや町のごみ拾いも立派な市民活動です。こうした活動を通してまちの課題が見えてくることも多いです。

審議会《しんぎかい》・委員会　国や自治体が重大なテーマに向き合う時に審議会《しんぎかい》を設けることがあります。深く専門的に議論するために少人数で組織するのが一般的《いっぱんてき》ですが、市区町村などの自治体だと、公募《こうぼ》市民が入ることがあります。

ロビー活動・署名活動　署名活動は、市民が政治に声をあげていく時に、もっとも多用される手法です。何かのテーマへの要望や反発がある時、その意思表示をするために、多くの人が名前を連ねます。一方、ロビー活動は、関係者に直接働きかけることです。

請願《せいがん》　請願《せいがん》は、市民が直接議会に働きかける方法です。「〇〇してほしい」という要望を議会にはかることができます。

リコール　リコール（解散請求権《せいきゅうけん》）は、主に市長や議会に対して市民がもつ、有力な抵《てい》抗《こう》手段です。「この市長（議会）にはもう任せておけない」という時に機能します。なお、リコールは二元代表制をとる地方自治体でのみ定められています。国会議員への解職請《せい》求《きゅう》は現行法ではできません。

その他……　これ以外にも、市民が政治にかかわっていく方法はいくつもあります。もっとも代表的なところでは、議会傍聴《ぼうちょう》もそのひとつです。議会傍聴《ぼうちょう》をすることで、直接、議論を聞けるし、議員に「見られている」という緊張感《きんちょうかん》をもたせることもできます。

また、単純なようですが、まちが主催《しゅさい》する講演会や市民まつりなど、各種のイベントなどに参加することも有意義です。それが活況《かっきょう》となることで、まちや議員は、「これは市民にとって意義ある事業なんだ」と認識していきます。「参加する」というのは、それだけでその事業を支えることになるのです。

□全員が平等で、みんなでルールを決めていくのが民主主義
□政治家のほかにも、政治にかかわる人びと・機関はたくさんある
□選挙以外にも、主権者としてできることはいくつもある

インタビュー　「18歳選挙権」の意義について聞く

誰にでも意思表示をする権利がある

林《はやし》　大《だい》介《すけ》さん　東洋《とうよう》大学社会学部助教

公職選挙法が70年ぶりに改正され、2016年6月に「18歳選挙権」が実現しました。とはいえ、10代、20代の若者たちが適切に投票先を判断していくのは、容易なことではありません。そこで、どのような意識で選挙や政治に向き合っていくべきかを、「子どもの権利」の問題に長くかかわってこられた、東洋大学社会学部助教で、「模《も》擬《ぎ》選挙推進ネットワーク」事務局長などを務める林大介さんにお聞きしました。

東洋大学社会学部助教、「模擬選挙推進ネットワーク」「子どもの権利条約ネットワーク」事務局長。中高の非常勤講師、NPOチャイルドライン支援センター事務局長、文部科学省専門職などを経て現職。著書に『「18歳選挙権」で社会はどう変わるか』（集英社新書）、『選挙を盛り上げろ！』（影書房、共著）など。総務省・文部科学省作成の政治・選挙等に関する高校生向け副教材『私たちが拓く日本の未来』では作成の協力をしている

――林先生は、２０００年ごろから選挙権年《ねん》齢《れい》の引き下げを求めて活動してきています。２０１６年６月に「18歳《さい》選挙権」が実現したことを、どのように捉《とら》えていますか。

「単純に年齢《ねんれい》のことよりも、『18歳《さい》で代表者を選べるようになっている必要がある』と社会全体で意識されるようになったことの意義が大きいと思っています。多くの高校生が有権者になるということもあり、主権者教育の必要性が注目されています。ようやくそういう社会になったなと捉《とら》えています」

投票先をどうやって選べばいいか

――実際の選挙では、高校生や若者たちは、どのように投票先を選べばよいのでしょう？アドバイスをお願いします。

「自分たちの社会、自分の生活にかかわってくることとして、真剣《しんけん》に考えることが大切です。『いい人がいないよ、だから行かない』ではなく、少しでもマシだと思う人を選んでほしいと思います。

また、選挙権をもっていない人も、自分のこととととして選挙を見つめ、自分だったらどこに投じるか、というのを考えてみてほしいなと思います。最初は難しいかもしれませんが、『女性議員が少ないから女性がいいな』とか『ポスターの見た目がいいから』という理由でも構わないので、自分なりに指標をもっていくことが大切です。練習というか、試していくことが大事だと思います。水泳や自転車に乗ることと同じで、うまくなるには、どんなことでも練習が必要なのです」

模擬《もぎ》選挙がよい「練習」になる

――練習という意味では、先生は模擬《もぎ》選挙にずっとかかわってこられています。模擬《もぎ》選挙について教えてください。

「大きく分けて、架空のものと、実際の選挙を材料にするものとがあります。

架空《かくう》の場合は、たとえば歴史上の人物を3人くらい立てて一人を選んでいくわけです。この場合は、投票を体験するという点で意味があると思います。

一方の実際の選挙を材料にしたものは、まさに現実に行われる選挙に対し、『自分ならどこに投じるか』を考えていくものです。私は主に、後者の模擬《もぎ》選挙にかかわっています。

先ほど、『練習』と言いましたが、模擬《もぎ》選挙で重要なのは、考えたり、人と議論をするということです。本物の選挙であれば、メディアの報道やポスター、選挙公報、マニフェストなど、考えるための材料が豊富にそろっています。それらにふれて、現実の政治課題を題材にしていくことこそが、何よりの練習になるのです」

――とはいえ、模擬《もぎ》選挙は、言ってみればすべてが無効票なわけです。それでも参加するというのはどういうモチベーションなのでしょう?

「参加者は純粋《じゅんすい》に楽しんでいますね。大人のまねごとというおもしろさもあるし、『こうなってほしいな』という彼らなりの期待感もあるのだと思います。

もちろん、『やっても仕方ない』と冷めている子もいます。しかし、そういう子も、特定のテーマになると熱く語り出したりします。

ふだんは言わないだけで、みんなそれぞれに考えているのです。『場』があるということが大事なんです」

自己肯定感《こうていかん》にもつながる

——まさに、政治を考えるよい機会ですね。

「もうひとつ思うのは、『誰《だれ》にでも一票を投じる権利がある』と確認できることに意義があるということです。貧困家庭だろうが、裕《ゆう》福《ふく》だろうが、一票は一票です。社会のなかで、等しく意思表示する権利がある。それは、自分も社会の一員なのだと確認するうえで、非常に重要な機会だと思います。自己肯定感《こうていかん》につながっていくのです」

——なるほど。しかし、その時はピュアに一票の重さを実感しても、それをずっと維持《いじ》していくのは難しいことではないでしょうか?

「そこは、現実に一票が力をもっている、という実例を知っていくのがいちばんです。たとえば、2015年の統一地方選挙では、熊《くま》本《もと》県熊本《くまもと》市議会議員選挙の定数8人の選挙区で最後の1議席が4515票の同数となり、最後は公職選挙法に基づき、くじ引きで当選者が決まりました。また、神奈川《かながわ》県相模原《さがみはら》市議会議員選挙では、按分票《あんぶんひょう》の差で当落を分けるという結果に終わっています。得票数は3304・34票と3304票で、その差はわずか0・34票です（注：同姓《どうせい》の候補者がいて姓《せい》のみ書かれた票があった場合、その票は同姓《どうせい》候補者の得票数に応じて按分《あんぶん》されます）。人口70万人を超《こ》える政令都市ですら一票が当落を分けている現実があります。『あなたがあの人に投票していたら、当選していたかもしれないよ』というのは、伝えていく必要があると感じます」

海外の模擬《もぎ》選挙のようす

――模擬《もぎ》選挙について、林先生はアメリカとスウェーデンに視察に行かれています。そこで見たもの、感じたことを教えてください。

「アメリカには、オバマ大統領が誕生《たんじょう》した2008年の大統領選挙の時にニューヨークとワシントンDC、トランプ大統領が誕生した2016年の大統領選挙の時にアリゾナを訪問し、幼稚園《ようちえん》、小学校、中学校、高校を視察しました。アメリカでは模擬《もぎ》選挙が全国規模で行われており、700万人以上の子どもが投票するほど、浸透《しんとう》しています。歴史も古く、100年以上前の1911年にワシントン州の小学校で大統領選挙の模擬《もぎ》選挙を実施《じっし》した記録が残っています。

一方のスウェーデンには、2014年の国政選挙に合わせて行われた『学校選挙』のようすを見に行きました。政府もかかわる国家的なプロジェクトで、同国全土の1629校のうち1574校が参加しています。生徒総数は約35万人です。

両国とも、単に候補者の主張を収集して投票する、というやり方ではなく、ディスカッションを入れていました。年齢《ねんれい》は関係ありません。小学生は小学生なりに自分の意見を積極的に発していきます。もともと自分の意見を言うことが推奨《すいしょう》される文化というのもあるのでしょうが、政治や社会について語り合うことが身近なんだな、というのを強く感じました。

ただ、実はそこで話し合われているレベルというのは決して高度なものではなく、日本の同年齢《どうねんれい》の子たちと同じようなものということにも気付きました。ということは、日本でも、トレーニングさえできればみんな議論でちゃんと話せるようになるということです。日本でも、自分のことをちゃんと主張したり、人の話に適切に反応するという訓練を子どものころからしていく必要があると思います」

――そうした模擬《もぎ》選挙による成果を知りたいのですが、アメリカやスウェーデンには、何か顕著《けんちょ》な傾向がありますか?

「スウェーデンの投票率は80%から90%です。これは、まさしく主権者教育の積み重ねの結果だといえるでしょう。

スウェーデンの若者市民社会庁の行政職員が『絶えず、しつこいくらいに民主主義とは何かというのを教え続けているから今の民主主義があるんだよ』と言っていたのを思い出します。

主権者教育の進んでいるアメリカやスウェーデンを見ていると、18歳《さい》で選挙権をちゃんと行使できるように育ててきているし、社会全体が、主権や民主主義への意識を高くもっています。そういう社会だからこそ、子どもたちが政治や社会問題について話すのもあたりまえなのです」

自分が住んでいる地域にもっと目を

――「主権者」ということでいえば、実は選挙だけの話ではないですよね。選挙にとどまらない、主権者としての姿勢や意識とはどのようなものでしょうか?

「自分が住んでいる地域にもっと目を向けてほしいと思います。ごみのポイ捨てが気になるとか、新しい施設《しせつ》ができるとか、テーマはいろいろあると思いますが、身近なところで自分が気になることに声を上げ、それをよくするために働きかけていくというのが民主主義の基本だと思います。小さなことでいいのです。たとえば、住宅街で暗いところがあるから電灯をつけて、と町内会に掛《か》け合《あ》ってみるとか、今度できる児童館にはこんな設備が欲しい、と声を上げるとかです。市長への手紙でも何でもいいのです。当事者としてかかわっていくということ。それこそが主権者の姿勢です」

選挙について話せる場をつくる

――関心をもち、かかわっていくことが大事ですね。

「それともう一つは、話し合える場をつくっていくことです。地域でも、家庭でも、話すことで得られる気付きはたくさんあります。

私は以前、私立の女子高校で教えていたのですが、生徒の一人に、父親が銀行に勤務しているという子がいました。ちょうど2005年の郵政選挙の時だったのですが、彼女はそれについて父親と話したんですね。その時にはじめて、郵便局の民営化によって銀行が影響《えいきょう》を受ける可能性が高く、ひいては父親の給料などにも関係してくるかもしれないと知ったのです。一般論《いっぱんろん》のなかで見ていた問題が、突如《とつじょ》、自分ごとになったわけです。これは、話したから生じた気付きです。

話すというのはすごく大事で、先にふれた模擬《もぎ》選挙も、実は、有権者への動機づけになるという効果が認められています。子どもたちが家で模擬《もぎ》選挙のことを話すことで、親の側に『今度の選挙にはちゃんと行こう』とか、

『この子たちのことも考えて投票しないと』という意識が芽生えるのです。最初は友だちどうし、家族というところからでいいので、話せる場を少しずつ広げてほしいと思います」

――「地域に目を向ける」、「話せる場をつくる」ということなら、誰《だれ》でもすぐにできそうな気がします。

「『わからないから投票しない』という人がいますが、わからなければ聞けばいいと思うんですね。政党や候補者に働きかければいいんです。選挙運動でも、市長への手紙でも何でもいいんです。ぜひ行動につなげてほしいと思います。黙《だま》っていては何も変わりません」

Column

ナチス・ドイツ

民主主義を語る時に、ナチス・ドイツを避《さ》けることはできません。ナチス・ドイツは、みなさんもよく知る通り、第二次世界大戦のころのドイツのことを指します。ヒトラーのもとで、全体主義の国家をつくり、その価値観に反するものを徹底的《てっていてき》に排除《はいじょ》・抑圧《よくあつ》しました。なかでも、人種などを理由に１０００万人ともいわれる人びとを虐殺《ぎゃくさつ》したことは、人類史でも突出《とっしゅつ》した愚行《ぐこう》であり、惨事《さんじ》です。

ただ、問題はそれがヒトラー一人によって行われたわけではない点です。独裁とよくいわれますが、実際は、その政権は、民主的プロセスを経て成立しました。その後、戦争に突入《とつにゅう》していくなかでも、ドイツ国民の支持があり、虐殺《ぎゃくさつ》や差別なども人びとの手によって行われました。なぜそのような、明らかに狂《くる》ったことが多数の人びとによって行われたのでしょうか。

ここに、民主主義の危うさがあります。ヒトラーの場合、人びとの閉塞感《へいそくかん》を利用しました。当時第一次世界大戦の多額の賠償金《ばいしょうきん》や世界経済危機によって、特に労働者階級の人びとの生活は苦しいものとなっていました。その苦しさ、国家への不信感を、政権転換《てんかん》の力にしていったのです。

この時に特に効果的だったものに、新聞や映画を用いての「宣伝」があります（「プロパガンダ」と呼ばれます）。

実はナチス・ドイツが独裁を固めるのは、わずか２年程度の期間です。人びとからすれば、気付いた時には「全体主義」「独裁国家」になっていたといえるでしょう。

民主主義の国家を平和に営んでいくには、人びとの不断の努力を要します。私たちはそのことをきちんと認識して、世論がひとつの方向に動きだしていく時には、「これで本当にいいのだろうか？」と考えていくようにしなければなりません。

4章

ルポ・地方選挙の現状

埼玉県知事選挙の事例

地方選挙で目立つ投票率の低さ
地方政治への関心の薄さ

この本の結びとして、これから選挙に向き合っていく若い読者のみなさんに、選挙の現状をルポでお伝えします。

正直にいって、それは誇《ほこ》れるようなものではありません。

「投票率が下がっている」というのは、みなさんも聞いたことがあるでしょう。では、どのくらい低いものなのか、ご存じですか？

本書の執筆《しっぴつ》時点（２０１６年）の直近データでは、以下の通りです。

・２０１４年12月・衆議院議員選挙＝52・66％（衆議院として過去最低）
・２０１６年７月・参議院議員選挙＝54・70％

実に、国民の２人に１人が投票に行っていないという事実があります。

では、なぜこうも投票率が低くなるのでしょうか？　また、投票率が低いとなぜいけないのでしょうか？

本書では、その答えを探るべく、投票率の低い傾向《けいこう》がある埼玉《さいたま》県に注目し、その原因と、改善のための取り組みを追いました。

また、低投票率が政治の停滞《ていたい》を招いた実例として、東京《とうきょう》都市部の東久留米《ひがしくるめ》市の市政をルポします。さらに、一票に本当に価値があるのかを、埼玉県北本《きたもと》市の住民投票から探っていきます。

図表4　衆議院議員選挙の投票率の推移

（%）

年	2009	2012	2014
回	45	46	47
20歳代	49.45	37.89	32.58
30歳代	63.87	50.10	42.09
40歳代	72.63	59.38	49.98
50歳代	79.69	68.02	60.07
60歳代	84.15	74.93	68.28
70歳代以上	71.06	63.30	59.46
全体	69.28	59.32	52.66

総務省ホームページより作成

「選挙に行かない」理由を探る

2人に1人が投票に行かない――。

国政選挙でよく問題視される事実です。

しかし、低投票率の深刻さはそんな甘《あま》いものではありません。地方選挙に目を転じれば、投票率40%台、30%台は、よく見られることなのです。

そのひとつ、2015年8月の埼玉県知事選挙は、実に投票率26・63%でした。約725万人の県民がいる**埼玉県の行政のトップを決める選挙に、4人に1人しか投票しなかったのです。**ちなみにこの投票率は、知事選挙として過去ワースト3位です。さらに付け足せば、過去のワースト記録は、この1回前（2011年）の埼玉県知事選挙でした（投票率24・89％）。

この結果の深刻なところは、単に数値だけのことではありません。選挙のなかには、最初から結果が見えている、あまり魅力《みりょく》のない場合も現実にはあります。争点が特に見当たらない、というケースもなくはありません。そういう選挙なら、投票率が上がらなくてもやむを得ない、という面も多少はあるでしょう。

しかし、この埼玉県知事選挙は違《ちが》いました。要素は2つあります。

まずひとつは、2015年8月という、選挙の時期です。

この直前の7月、国会は、限定的とはいえ武力行使を一部容認する「安保法制」（平和安全法制整備法・国際平和支援法《しえんほう》）を衆議院で可決しました。この法律は、国の根幹を揺《ゆ》るがすような重大な法律です。しかも、多くの憲法学者が「法案は憲法に違反《いはん》している」と指摘《してき》するなど、内容にも疑義があるものでした。

しかし政府・与党《よとう》は、それをいわば「数の力」で押《お》し通《とお》したのです。

それに対し、国民のあいだからは、「民主主義を守れ！」「憲法の議論が先ではないか！」といった抗議《こうぎ》の声が上がりました。国会を取りまく人びとが現れ、各所でデモが起こり、学生による団体「ＳＥＡＬＤｓ《シールズ》（自由と民主主義のための学生緊急《きんきゅう》行動）」なども話題になりました。

つぎの国会審議《しんぎ》の場は、９月の参議院です。つまり、**重大法案が日本国内を揺《ゆ》るがし、「民主主義」が問われた最中で、埼玉県知事選挙が行われたのです。**

「国政と県政は違《ちが》うよ」という意見もあるかもしれませんが、政治への関心が高まっていた時期であることは間違《まちが》いありません。

もうひとつの要素は、知事選挙自体に明確な争点があったということです。それは、現職の上田清司《うえだきよし》知事が、「知事の在任は最大でも３期12年までとする」という自分がつくった「多選自粛《じしゅく》条例」を、みずから破って立候補していたことです。

もともとは汚職《おしょく》などを防ぐためにつくった条例ですが、上田知事は「あれは努力目標だ」と強弁して、４期目に立候補しました。これは、言葉や行動が重視される政治家として、その資質が問われるような大問題です。要は、自分がつくったルールをみずから破るような知事を信じるかどうか、が問われた選挙だったといえます。

ところが、終わってみれば、**７割以上もの人が投票に行かずに決着しました。**そして結果はその上田知事が当選しました。

投票率の低さの理由は「無関心」

なぜここまで埼玉県知事選挙への関心は低いのでしょうか。

ヒントとなるデータがあります。

2011年に史上最低の投票率となった時、県選挙管理委員会では、市民への緊急《きんきゅう》アンケート調査を実施《じっし》しています（20歳《さい》以上の県内在住者3285人にインターネットで調査。2139人の回答をもとに分析《ぶんせき》＝回答率65・1％）。

それによると、**県政への関心が低くなる背景に、◎若年層の比率が高い、◎県外への通勤・通学者が多い、という埼玉県の独自の事情があることが浮《う》かびあがってきました。**埼玉県は、東京都内への通勤圏《つうきんけん》として発展してきた側面があり、それが県民と県との結びつきを弱めてしまっているというのです。

少し古いデータですが、2010（平成22）年の国勢調査では、埼玉県の昼夜間人口比率は88・3％で、低いほうからみて全国1位となっています。県外へ流出する人口は約96万人。多くの人が、東京都心などに通勤・通学していることがわかります。

さらに、若年層（20～39歳《さい》）の割合は、32・6％で全国6位です（同）。総合すると、東京都内の学校に通うために地方から埼玉県に移り住んでくる、あるいは、家庭を持ち住

図表5 投票に行かなかった理由

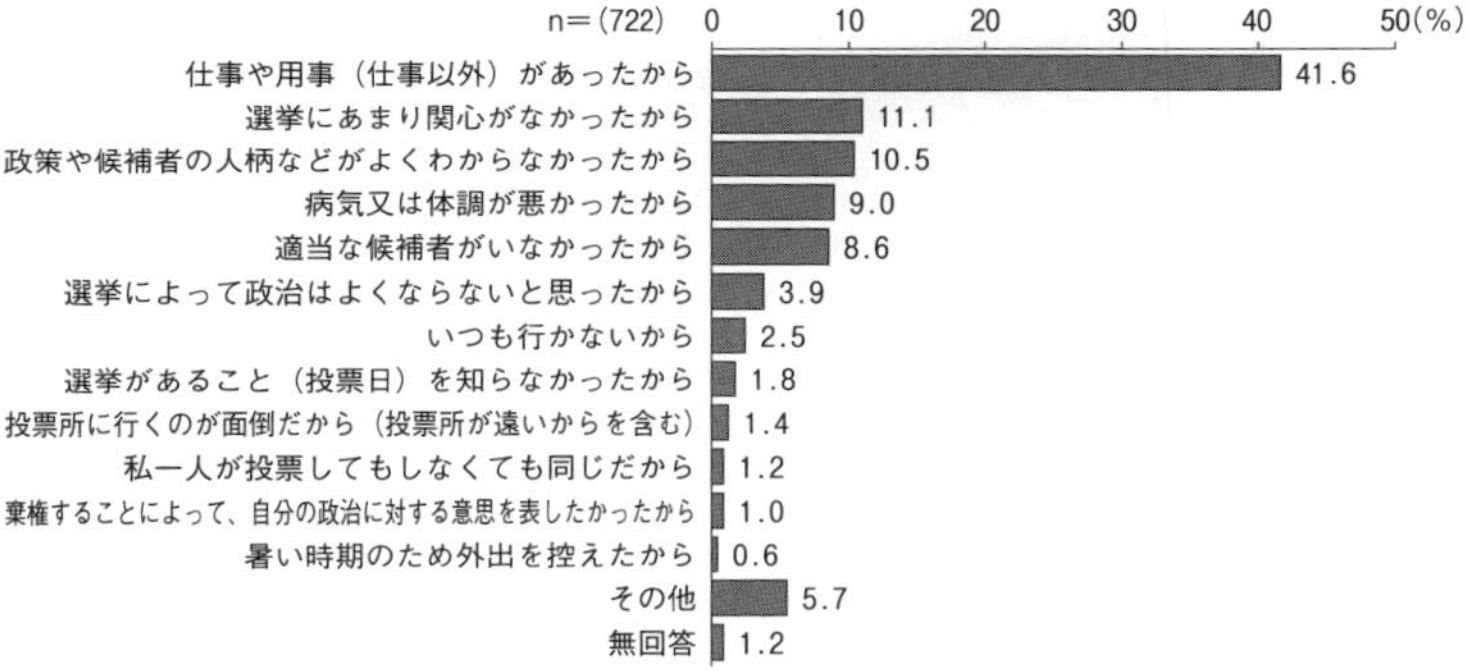

出典：「投票率向上に関する報告書」（埼玉県選挙管理委員会発行、2016年５月）より

宅を購入《こうにゅう》するさいに、都内よりも土地代が安価な埼玉県を選ぶ——という人が多いということが見えてきます。

　さて、そうした人びとは、政治に対してどのようなスタンスを取るのでしょうか。地域のことはよくわからない、地域のイベントにもほとんど参加したことがない……、こうした人びとには、なかなか地域（県・市町村）への関心は湧《わ》きません。

　先のアンケート調査では、「関心のある政治について」という設問に対し、国政＝93％、市町村政＝43・5％、県政＝28％という結果が出ています。多くの県民が、地域の政治を身近に感じていないことがはっきりと表れています。

　さて、そのような傾向《けいこう》は、いったいどんな事態を招くのでしょうか。つぎに、埼玉県と隣接《りんせつ》する東京都東久留米市の実例で見てみましょう。

東京都東久留米市の事例

市長選挙への無関心が政治の混乱を招いてしまった

ここで紹介《しょうかい》するのは、２０１０年１月から２０１４年１月までの東京都東久留米市での市政についてです。いろいろなことのあった４年間でしたが、特に大きな事件として、２０１２年、市長が市の予算（一般《いっぱん》会計・当初予算）を専決処分するということがありました。

専決処分とは、市長一人の判断で、その事務を決裁することをいいます。この場合、市民から集めた税金の使《つか》い途《みち》が市長一人の判断で決められてしまいました。その額、約３８８億円です。

どうしてこんなことが起こったのでしょう？

東久留米市の当時の状況《じょうきょう》と併《あわ》せて説明していきます。

ショッピングセンター誘致《ゆうち》で市が二分

東久留米市は東京都と埼玉県の県境に位置する、人口約11万６０００人の自治体です。団地造成によって人口が急激《きゅうげき》に増えたまちで、１９６０年代後半には「日本でもっとも人口の多い町」とも言われました。

人口が急増した理由は明らかです。都心までの電車の所用時間は約20分。市内は自然が豊かで、環境省《かんきょうしょう》の「平成の名水百選」に選ばれた南沢《みなみさわ》湧水群《ゆうすいぐん》と落合《おちあい》川もあります。サラリーマンが子育てをしながら暮《く》らすには絶好の環境《かんきょう》だったのです。

そのような市ですから、移り住んできた人は市政にそれほど関心を向けません。市長選挙、市議会議員選挙があっても、ここ数年は常に投票率40%台という結果でした。

そんな市で、２０００年代に、市民の意見が二分する取り組みが行われます。大型ショッピングセンターの誘致《ゆうち》です。

市にとっては、悪化する財政状況《じょうきょう》を少しでも改善するための取り組みでしたが、「住みよい環境《かんきょう》」を求めてきた市民からは、「渋滞《じゅうたい》が増える」「地元の商店がつぶされてしまう」などと反対の声が上がりました。

その反対運動は、やがて選挙に直結していきます。

建設手続きの最終段階にさしかかっていた２００９年12月、つぎの４年間を託《たく》す市長を決める選挙がありました。建設計画は進んでいましたが、この段階なら、まだ差し止めが可能です。

このとき、市民の声に推されるように立候補したのが、それまで３期にわたって市議会議員を務めていた馬場一彦《ばばかずひこ》さんです。選挙はショッピングセンター誘致《ゆうち》を進めたいという現政権陣営《じんえい》と、誘致《ゆうち》を見直すべきとした馬場さんの一騎打《いっきう》ちとなりました。現政権の政治を継続《けいぞく》するかしないかという、争点のはっきりしたわかりやすい選挙です。

馬場さんは民主党《みんしゅとう》（当時）の推薦《すいせん》を受けたのですが、国政で政権交代があって間もない時期だったため、その推薦《すいせん》も馬場さんに有利に働きました。

そんな選挙は、結局、投票率41・20％で決着します。馬場さんが当選しましたが、票差は１４６４票というわずかなものでした。

この結果を受け、破れた側は、こんなふうに馬場さんに抵抗《ていこう》し続けます。

「ショッピングセンター誘致《ゆうち》に市民は反対していると言われてきたが、結果としては、賛否は拮抗《きっこう》し、わずか１４６４票差でしかない。民主党ブームという追い風もあるなか、これをもって民意とは言いきれない」

投票率が低いせいで、さまざまな解釈の入《はい》り込《こ》む余地が残ってしまったのです。

はげしい反発を受けるなか、就任した馬場市長は誘致《ゆうち》反対を貫《つらぬ》けなくなります。そして結局、就任半年後に、誘致《ゆうち》を認めることに方針転換《てんかん》しました。

これがさらに事態を悪化させます。**期待した市民は裏切られたと感じ、選挙応援《おうえん》した議員の一部も、馬場市長と距離《きょり》をおくようになりました。**馬場市長はリーダーとしての指導力を失ってしまったのです。その結果――。

市長が独断で予算を決める事態に

特に２０１２年度を中心に、東久留米市政では、異例なことが数多く起こります。なかでも象徴的《しょうちょうてき》なのが、この章の冒頭《ぼうとう》で紹介《しょうかい》した、予算の専決処分です。

２章でも紹介《しょうかい》したように、市区町村はそれぞれ独自の収入・支出（歳入《さいにゅう》・歳出《さいしゅつ》）で自治体運営を行っています。住民から税を集め、その税をもとにまちづくりを行うのです。

そのお金の使《つか》い途《みち》は、当然ながら、みんなで話し合って決めます。その場が議会です。「こんなふうに使いたい」という行政の提案を受け、市民の代表である議員が、「これはどういうこと?」、「もっとこういうことに使えないだろうか」などと質問をぶつけながら、最終的な予算を決定していくのです。この作業は、どの都道府県・市区町村でも、新年度が始まる前の2月、3月に実施《じっし》されます。国会も、1月から通常国会をスタートさせて審議します。

ところが東久留米市では、２０１２年３月の定例議会で予算が承認されず、さらに、６月、９月、12月と、年４回の定例会すべてで予算案が否決されることとなりました。それに**困った市長が、「予算が成立しないままでは市政に影響《えいきょう》が出てしまう」と、専決処分してしまったのです。**市長は市長で言い分があるにせよ、４回の定例会で認めてもらえなかったから独断でみんなのお金の使《つか》い途《みち》を決めた——というのでは、議会はいらないということになってしまいます。市民から選ばれた議員たちをいらないというのなら、それは民主主義の否定を意味します。

無関心が政治の横暴につながる

しかし、民主主義を否定した、といって、市長一人を責めるわけにはいきません。対立した議会、さらには、それを許した市民にも責任はあります。

議会はこの間、「辞職勧告決議」という、「もう辞職してください」という要望を市長に議会開催《かいさい》のたびに出し続けました。しかしこの決議には法的な力はありません。法的な力をもつものに「不信任決議」がありますが、それは決議しませんでした。

また、予算については議会が修正して成立させることもできるのですが、それもしませんでした。

そのような市長と議会の対立に対し、**市民もまた、何もしませんでした。本来であれば、市長ないし議会に対して「リコール」（辞めさせたり解散させること）をするなど、行動できたはずですが、行動どころか問題自体を知らないという市民も少なからずいました。**

その証明が、つぎの選挙結果に表れています。

混乱のまま過ぎた馬場市政の後を決める市長選挙は、２０１３年12月に実施《じっし》されました。その投票率は34・55％。東久留米市長選挙として過去最低です。馬場市政では予算専決処分のほかにも、教育長選任の見送り、重要公約の違反《いはん》、決算委員会から市長が退席――といった異例なことが数々行われたのですが、投票率を見る限り、これらに対して市民は、怒りもせず、黙認《もくにん》したのだといえます。いや、正しくいえば、単に無関心ということです。

この東久留米市の事例は、市民が政治に関心を向けない時、政治が空転することがあることを示しています。と同時に、予算の専決処分のような、一種の横暴をも許してしまうことを証明しています（この一連の出来事の詳細《しょうさい》は、拙著《せっちょ》『議会は踊《おど》る、されど進む――民主主義の崩壊《ほうかい》と再生』にまとめています）。

埼玉県北本市の住民投票の事例

住民がしっかりと関心をもち投票した結果、政治が動いた

そうはいっても、本当に選挙に意味があるのだろうか？　別に私一人が投票しなくたって大して変わらないのでは？――　それでもそう思う人は少なくないことでしょう。

そこで、**最後に、一票が確かに町の未来を変えたという事例を紹介《しょうかい》します。２０１３年12月の埼玉県北本市での住民投票の事例です。**人を選ぶ「選挙」とは違《ちが》いますが、一票の力を知るヒントになるはずです。

一票がまちを変えた！

北本市は、埼玉県中央部にある人口約６万７０００人の市です。全国的には、大正末期に始まったトマトの生産で知られます。人口の約17％が東京都へ働きに出ているベッドタウンで、都心からの距離《きょり》は電車（ＪＲ高崎線《たかさきせん》）で約40分です。

図表6 埼玉県北本市のJR新駅建設予定地

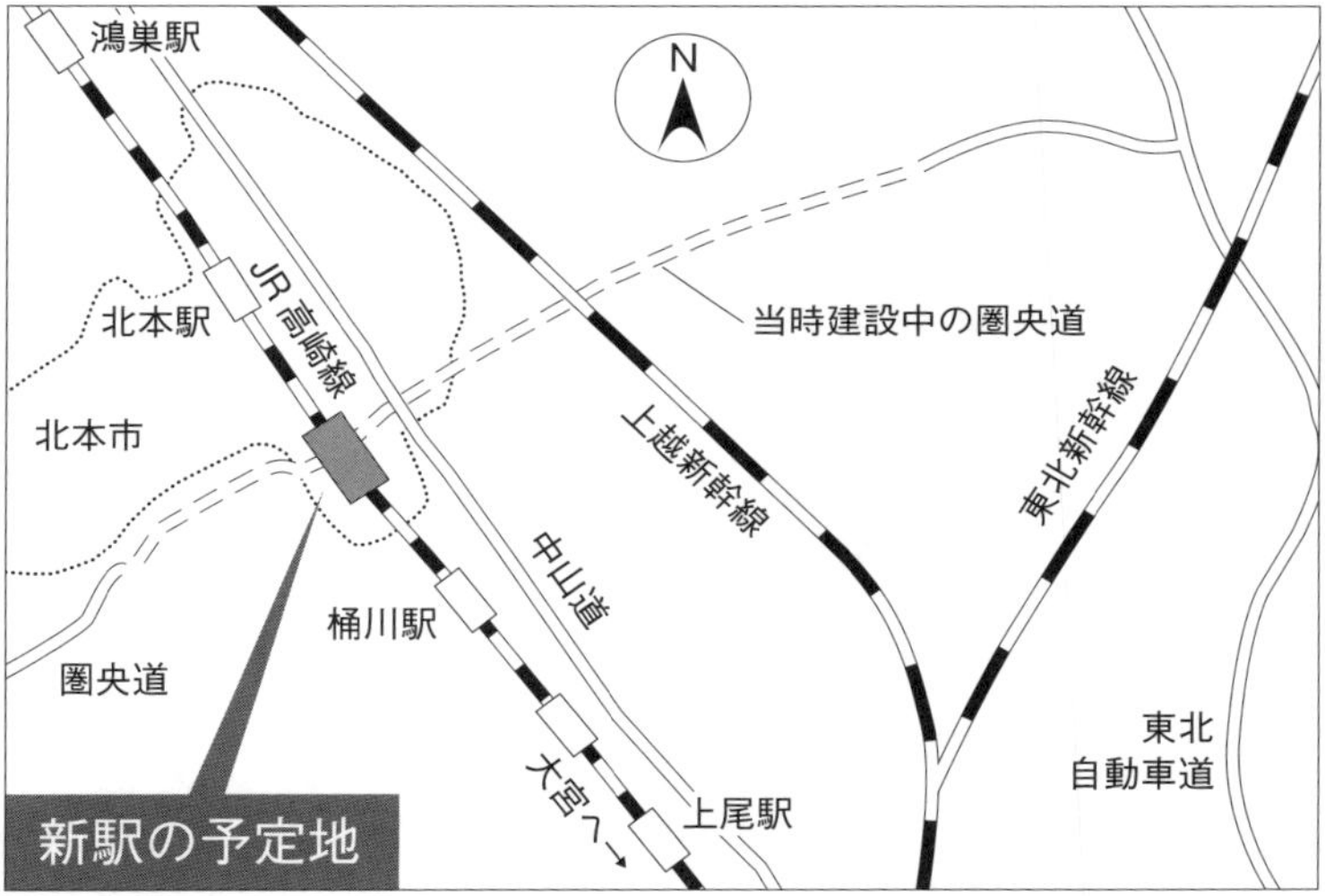

その電車をめぐって、北本市では、長いあいだ、新しい駅の建設が望まれてきました。２００３年に就任した石《いし》津《づ》賢治《けんじ》市長は選挙公約で「２０１８年までの新駅設置」を打ち出していますし、市自体も、ＪＲ東日本《ひがしにほん》に要望を出すなどしてきていました。

　このように地元の要望がありながらなかなか具体化しなかったのは、開設候補地の周辺で長期にわたる道路工事（圏央道《けんおうどう》）が進められていたことなどがありました。しかし、２０１３年に周辺の道路工事に完成のめどが立ち、新駅建設が現実味を帯び出します。

　常識的に考えれば、ここで市が立ち止まることなどあり得ないことでした。

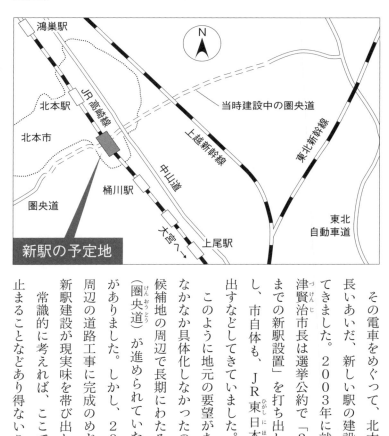

理由はいくつかありますが、大きなものとして、①**新駅開設を公約に入れていた市長が当選している、②２００９年に議会が「新駅設置を求める決議」を全会一致《いっち》で可決している、**といったことがあります。つまり、新駅をつくりたいという人びとを、市民は自分たちの代表として選んできていたのです。

新しい駅の建設をめぐって

ところが、石津市長は、今一度、市民の声を聞くことを決心します。背景には、設置の事業費として約72億円がかかり、少なくとも市が約51億円を負担しなければならないという問題がありました。このころの北本市の1年間の財政規模は約２００億円（一般《いっぱん》会計）です。50億円以上もの費用がかかる新駅設置のためには、借金もしなければなりません。そこで、住民投票をしよう、となったのです。

これを受けて、市民が動き出します。賛成派、反対派のいずれの動きもあったのですが、ユニークなのは、反対派の主張でした。彼らは、こう訴《うった》えたのです。

「長年の念願である新駅の設置自体は反対しない。ただ、市の負担が50億円を超《こ》すような計画には賛成できない。隣接《りんせつ》する市の協力も得るべきだ」

その運動の期間は約２カ月。その間に主要な会が４つでき、各会とも、全戸配布のチラシを3、4回ほど発行しました。**新駅開設によるメリット・デメリットをみんなで考える集会を何度も開き、さらに分担して、投票を呼びかける街宣車を市内に走らせました。**

実はその呼びかけの裏には、投票率が低くなることへの危機感があったといいます。その時の計画での新駅設置に反対する市民団体が集まってつくった「新駅の住民投票へ行こう！　市民の会」の共同代表を務めた平田正昭さんは、当時の思いをこう話します。

「市の中心部に北本駅があり、そこから約2キロ離《はな》れた新駅の予定地は、市の南端《なんたん》です。はっきり言って、駅の利用という観点では、市の北部の人には興味の湧《わ》かない問題だったのです。ですから当初は、住民投票に行くのは南部の人だけで、当然、投票率も50％を切るだろうと見られていたのです。その結果は言うまでもなく、賛成票が多数です。

しかし、それで本当にいいのだろうか、という問題意識が私たちにはありました。市民全員で大きな借金を背負うのですから、みんなで意思表示しなければならないはずです」

関心の高まり、そして住民投票の末に

そうした訴《うった》えが市民に響《ひび》いたのか、住民投票は、「この計画での新駅設置にはＮＯ」という結果になりました。賛否の内訳は、賛成８３５３票に対し、反対は２万６８０４票です。実に投票した人の７割以上が反対票を投じたのです。

全体の投票率は62・34％でした。この前後の市長選挙は、２０１１年が53・82％、２０１５年が55・05％ですから、はっきりと関心の高さがうかがえます。

結局、この結果を受けて、現計画での新駅設置は見送られることとなりました。もし住民投票でこうした市民の意思表示がなかったら、50億円以上の市の財政負担を伴う新駅設置は進められていたはずです。まさしく、一票が市の将来を変えた、といえるでしょう。

□投票率の低さは、人びとの政治への無関心が主な原因
□人びとが政治に無関心になると、政治の暴走や空転を招いてしまう
□関心をもって投票率が高まった時、一票には政治を変える力がある

ルポ 模擬選挙による選挙講座

「選挙は難しいもの」という思い込みを解くために

今、高校を中心に、全国各地で模擬《もぎ》選挙が行われています。

模擬《もぎ》選挙には大きく分けて2パターンあります。

ひとつは実際の選挙の時に、各候補者の公約などを見比べてディスカッションなどをしながら、最終的に自分なりの投票先を決めていくというもの。

もうひとつはいわゆる投票体験で、架空《かくう》の候補者への投票を実際の手順に沿って実施《じっし》するというものです。

ここでは、投票率向上に取り組む埼玉県選挙管理委員会が実施《じっし》した、川越《かわごえ》市立川越高等学校での2016年3月の模擬《もぎ》選挙のようすをレポートします。

大学生の選挙講座でスタート

この模擬《もぎ》選挙では、事前に大学生による選挙講座が行われました。講義した大学生は、県選挙管理委員会の呼びかけに応じて集まった「埼玉県選挙カレッジ」のメンバーです。この「カレッジ」は、特に若者の選挙意識の向上をめざして活動しており、市内の大学生を中心に毎年10〜30人で構成されています。

市立川越高校で行われた講座は、彼らの活動のひとつです。年齢《ねんれい》の近い大学生が講義することで、高校生に選挙への親しみを感じてもらおうという狙《ねら》いがあります。

この日の講師は、東京経済大学《とうきょうけいざい》3年生の武藤智央さんと、西武文理《せいぶぶんり》大学3年生の高野昂希さんの二人が担当しました。

若者の投票を呼びかける

聴講《ちょうこう》したのは、2年生の男女275人です。

体育館に集まった生徒を前に、武藤さん、高野さんの二人は、交代《こうたい》でマイクを持ち、プロジェクターで投票率の推移などを映しながら、優しく語りかけました。時折クイズなども挟《はさ》んで、場を和ませます。

「クイズを出しましょう。2015年8月の埼玉県知事選挙での20〜24歳《さい》の投票率は、次の3つのうち何番でしょうか？　1番、13・64％、2番、23・64％、3番、33・64％」

高校生たちに挙手を求めます。挙手は、ほぼ3等分に割れました。

「答えは、1番の13・64％です。若者の8人に1人しか投票に行っていません」

会場がしんとします。そのなかで、高野さんはこう力を込《こ》めました。

「若者は人数も少なく、投票率も低いので、政治的影響力《えいきょうりょく》が落ちてしまっています。そうなると政治家たちは、投票率の高い高齢者《こうれいしゃ》寄りの政策に力を入れていってしまいます。

若者も政治に関心をもち、一票を投じることが大切です」

ここで話し手を交代《こうたい》した武藤さんは、続けて、投票行動を促《うなが》す提案をしました。

「なぜ投票に行かないのかという理由で、いちばん多いのは『仕事や用事があったから』というのものです。そういう方には、投票日前に投票できる期日前投票（19ページ参照）をお勧めします。

また、『どの候補者に投票すればよいかわからない』という人も多いのですが、情報収集の手段としては、インターネット選挙運動などが便利です。候補者は選挙期間中、ブログ、ホームページ、ツイッター、フェイスブック、ニコニコ動画、ユーチューブなどでも有権者に呼びかけられるのです。

ほかにも、質問に答えていくと自分の考えに近い候補者が絞《しぼ》りこまれる『ボートマッチ』というサイトもあるので、一度試してみてもよいでしょう。

『自分が投票しなくても……』と棄権《きけん》する人も多いのですが、その人たちには、ぜひ、つぎのような事実を知ってほしいと思います。たとえば、２０１１年の埼玉県議会議員選挙。当落を分けたのは、わずか57票です。同年の上尾《あげお》市議会議員選挙は９票差。特に市町村では、僅差《きんさ》はよくあることなのです」

このように話し終えたカレッジ生たちに、高校生たちから大きな拍手《はくしゅ》が送られました。さて、つぎは模擬《もぎ》選挙です。

模擬《もぎ》選挙で選挙を体験する

今回は「新川越市長選挙」に埼玉太郎《さいたまたろう》さん、栃木花子《とちぎはなこ》さん、神奈川一郎《かながわいちろう》さんの３人が立候補したという設定です。すでに生徒たちの手元には、3人の公約などをまとめた〝選挙公報〟が配られています。加えて会場では、役になりきった選挙演説も行われました。

そうしていよいよ投票です。生徒たちは本当の選挙同様、受付で投票用紙を受け取り、記載台《きさいだい》に向かい、それぞれ候補者の名前を書いて投票箱に投票していきました。これらの道具は、川越市選挙管理委員会の協力のもと、すべて実際の選挙で使用する物です。生徒たちの積極的な姿勢もあり、特に混乱もなく、275人の投票はわずか20分程度で終わりました。その後は、開票です。あらかじめ開票スタッフとして選ばれていた生徒20人ほどが投票箱を囲み、県選挙管理委員会の指導のもと、素早く票を振《ふ》り分《わ》けていきました。

この日当選したのは神奈川一郎さん。こう

模擬選挙のようす

著者撮影

して、講義と模擬《もぎ》選挙をセットにした出前講座が、約1時間で幕を閉じました。駆《か》け足《あし》にも思えるスピーディーさですが、終わってみると、短時間に内容が詰《つ》まっていて、よく練られた講座だとわかります。何より、275人もの模擬《もぎ》選挙が短時間で終わるというのが驚《おどろ》きでした。

カレッジ生の武藤さんは、実際に自身が投票に行った経験もふまえてこう言います。

「みんな『選挙は難しいもの』と思《おも》い込《こ》んでいますが、投票自体は、わずか数分で済む本当に簡単なものです。それを知ることができるだけでも、模擬《もぎ》選挙を体験する意義があると思います」

＊

最後に、県選挙管理委員会の職員が口にした言葉が印象的だったので、紹介《しょうかい》しましょう。

「投票用紙に実際に名前を書く、ということを模擬《もぎ》でも一度体験すると、実際の投票所に行く不安が小さくなるはずです。選挙は、やはり若い時に行くことが重要です。若い時に行かないままでいると、行かないことに慣れてしまうし、30代、40代になってはじめて行くというのが心理的に苦しくなります。選挙権を得たら、ぜひその機会に選挙に行ってほしいです」

［著者紹介］

谷　隆一（たに りゅういち）

「地域」を主なフィールドに活動するライター・編集者。執筆業と並行して、東京都北多摩エリアで地域情報紙「タウン通信」を定期発行している。株式会社タウン通信代表取締役。著書に『しごと場見学！　市役所で働く人たち』（ぺりかん社）、『起業家という生き方』（同、共著）、『議会は踊る、されど進む〜民主主義の崩壊と再生』（ころから）。

中《ちゅう》高《こう》生《せい》からの選《せん》挙《きょ》入《にゅう》門《もん》

2017年　5月25日　初版第1刷発行
2018年　3月25日　初版第2刷発行

著　者　　谷　隆一
発行者　　廣嶋武人
発行所　　株式会社ぺりかん社
〒113-0033　東京都文京区本郷1-28-36
TEL 03-3814-8515（営業）
03-3814-8732（編集）
http://www.perikansha.co.jp/
印刷所　　株式会社太平印刷社
製本所　　鶴亀製本株式会社

ISBN978-4-8315-1466-0　Printed in Japan

＊「なるにはBOOKS」シリーズは重版の際、最新の情報をもとに、データを更新しています。